RAEL POLICARPO

JORNALISMO FACTUAL

o Direito na cobertura policial

RAEL POLICARPO

JORNALISMO FACTUAL

o Direito na cobertura policial

Reflexão
BUSINESS

© Editora Reflexão, 2025 – Todos os direitos reservados.

© Rael Policarpo

Editora Executiva: **Caroline Dias de Freitas**
Capa: **César Oliveira**
Foto da capa: **Washinton Máximo**
Fotos internas do livro: **Washinton Máximo**
Revisão: **Marcia Moreira de Carvalho**
Diagramação e Projeto Gráfico: **Estúdio Caverna**
Impressão: **PrintPark**

2ª Edição – Junho/2025

DADOS INTERNACIONAIS DE CATALOGAÇÃO NA PUBLICAÇÃO (CIP)
CÂMARA BRASILEIRA DO LIVRO, SP, BRASIL

POLICARPO; Rael;
Jornalismo Factual. O Direito na Cobertura Policial;
Editora Reflexão Business, 2025.

ISBN: 978-65-5619-206-2
88 páginas.

1. Jornalismo 2. Criminalidade 3. Direito 4. Rio de Janeiro I. Título. II. Série.

06-6456   CDD-809

Índices para catálogo sistemático:
1. Jornalismo 2. Rio de Janeiro 3. Autor 4. Título

Editora Reflexão
Rua Almirante Brasil, 685 - Cj. 102 – Mooca – 03162-010 – São Paulo, SP
Fone: (11) 97651-4243
www.editorareflexao.com.br
atendimento@editorareflexao.com.br

Todos os direitos reservados. Nenhuma parte desta obra pode ser reproduzida ou transmitida por quaisquer meios (eletrônico ou mecânico, incluindo fotocópia e gravação) ou arquivada em qualquer sistema ou banco de dados sem permissão escrita da Editora Reflexão.

Dedico este livro ao meu sobrinho Enzo Taniguchi dos Santos, o primeiro amor da minha vida. Que esta obra possa incentivá-lo e encorajá-lo, independentemente da área profissional que ele escolher.

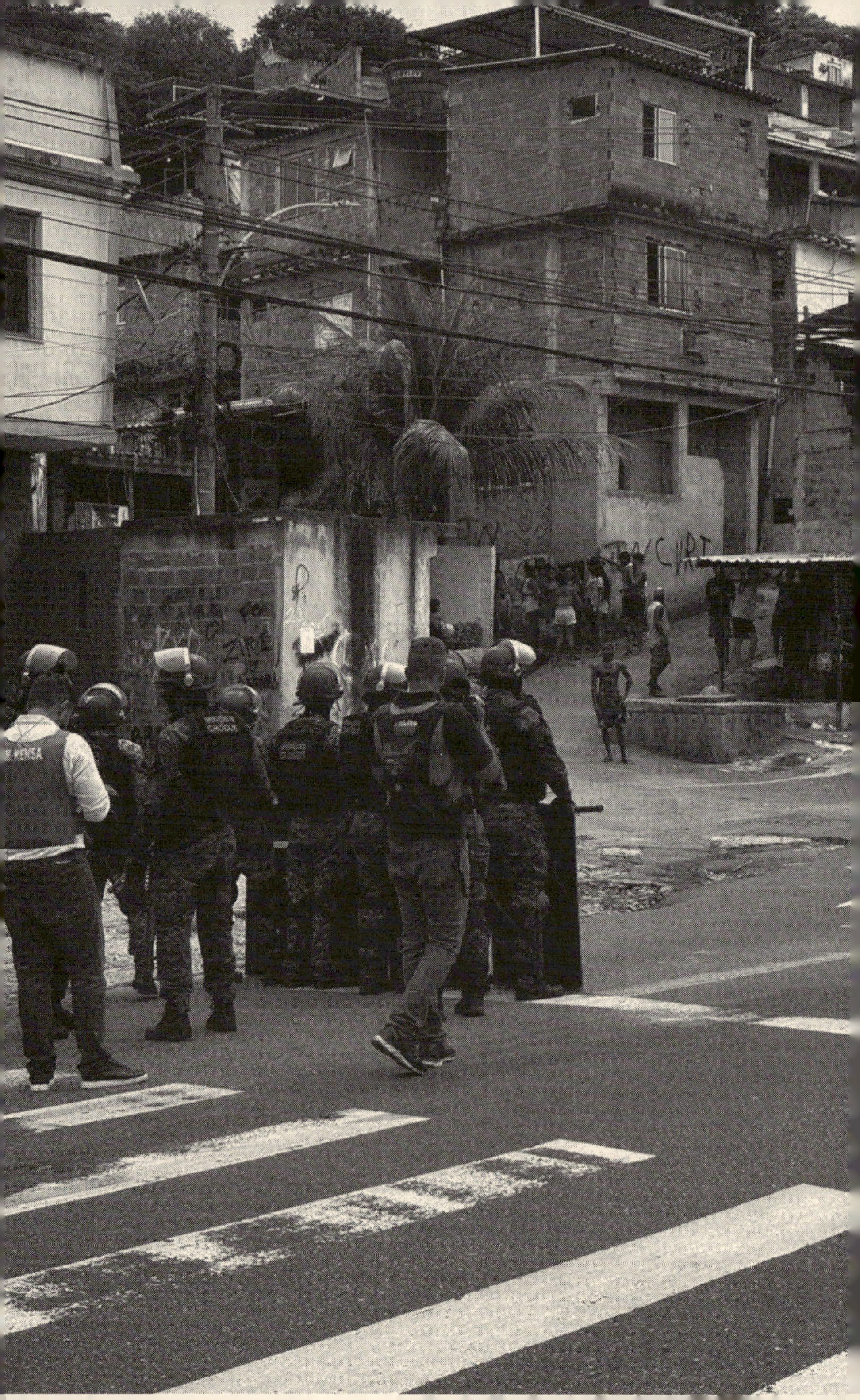

AGRADECIMENTO

Comecei a escrever este agradecimento assim que finalizei o livro, mas confesso: pensava nele desde o início!

Escrever um livro é algo que eu sempre sonhei. Desde pequeno, sabe? Já iniciei alguns. Parei. Voltei. Comecei outros, e nenhum deles foi para frente. Acabaram, todos, como rascunhos jogados no fundo de uma gaveta (sim, alguns foram escritos à mão). Eram histórias criadas por mim. Romances e suspenses. Até algumas poesias. Pode até ser que um dia eu volte a escrever algo do tipo e até lance livros desses gêneros literários. Só que o "primeirão" tinha que ser acadêmico. Um livro em que eu pudesse compartilhar as minhas experiências e meu conhecimento. Essa é a minha essência. Afinal, nasci dentro de uma sala de aula. E não é brincadeira, não.

Minha mãe foi dona de escola a vida toda. Fui alfabetizado por ela e cresci a vendo dar aulas. Aos oito anos, comecei a acompanhá-la na faculdade de Pedagogia. Acredite: conclui o curso com ela. Na turma, até ganhei um apelido: pedagogo mirim. Por isso, a primeira pessoa que me vem à cabeça para estar nesse agradecimento é ela: a minha mãe. A pessoa que, além de tudo o que eu disse, sempre me apoiou e participou de tudo.

Se minha mãe me deu a base, o meu coroa me deu a força. De um jeito completamente diferente, o meu pai sempre esteve ao meu lado e me deu a certeza de que, independentemente do lugar e hora, ele daria um jeito para resolver qualquer pepino.

Só de ter um pai e uma mãe "firmeza" já me colocaria na seleta lista dos sortudos. Mas Deus foi (e é!) ainda mais generoso comigo. Ele me deu irmão, primos e amigos, os quais foram importantes na minha vida. Sem eles, talvez, nem estivesse aqui. Assim como os meus tão queridos e amados mestres e professores, os chefes maravilhosos que Papai do Céu colocou no meu caminho e colegas de trabalho que sempre me ajudaram. A todos eles, os meus sinceros agradecimentos.

Ainda em relação aos amigos, preciso citar nominalmente dois deles: Felipe Rezende e Juliana Maria Leite. O Fê é meu irmão de vida. Um cara que sempre torceu por mim e vibrou a cada movimento e conquista profissional e pessoal. Talvez, o maior entusiasta da minha carreira. A Ju, se não fosse por ela, este livro nem existiria. Nós dois nos conhecemos na faculdade de Direito, e ela me salvou muitas vezes. Hoje, somos família!

Por fim, e não menos importante por serem citados aqui, à minha esposa e filhas. A família que eu construí e por quem sou apaixonado, que me alimenta de amor, de fé e de esperança. Carol, Malu e Eva são o melhor presente que eu poderia receber e o melhor "time" que eu poderia formar. É tudo por elas, e para elas!

E sobre Deus? Ele está em tudo, em todos e na ideia deste livro. Amém!

SUMÁRIO

PREFÁCIO | 13

INTRODUÇÃO - Por que o jornalismo policial e o Direito andam de mãos dadas? **| 15**

CAPÍTULO 1 - O básico do jornalismo policial: sobrevivendo ao caos com técnica e ética **| 19**

    Ética: o freio que o mantém no trilho | 19

    Fontes: seus olhos e ouvidos na rua | 22

    Apuração: do BO ao furo | 25

    O segredo é o equilíbrio | 26

    O jornalismo policial no Rio de Janeiro | 27

    A vida acima de qualquer furo | 30

CAPÍTULO 2 - Noções fundamentais de Direito Penal para jornalistas: o que é crime e como noticiar sem vacilar **| 33**

    O que é crime, afinal? | 33

    Dolo e culpa: a cabeça por trás do crime | 34

    Consumado ou tentativa? | 36

    Penas: o que acontece depois do crime | 37

    Prescrição: quando o crime expira | 38

    Como usar tudo isso na prática? | 39

CAPÍTULO 3 - Processo Penal, o caminho da notícia: da cena do crime ao martelo do juiz | 41

As fases do processo | 41

O julgamento e o Tribunal do Júri | 43

Tipo de prisão: flagrante, preventiva e temporária | 45

Da alegria do furo à bronca do delegado | 49

Sigilo de justiça: o que pode (e o que não pode) usar na reportagem | 50

CAPÍTULO 4 - Dicas para o dia a dia: como não se perder na correria policial | 53

Lendo um BO como um profissional | 53

Modelos de BO: o que esperar | 54

A suspeita que quase virou vítima: o dia em que evitei um linchamento | 56

Despacho judicial | 59

Lidando com fontes sem virar refém | 59

Ferramentas digitais para salvá-lo | 60

Um último conselho | 62

Outros modelos de BOs | 62

CAPÍTULO 5 - A mídia no banco dos réus: como a notícia molda a justiça | 67

O megafone da opinião pública | 67

Operação Lava Jato: o *reality show* da corrupção | 68

Flávio Bolsonaro e as rachadinhas: a direita no olho do furacão | 69

Polarização: o tempero que apimenta tudo | 71

Goleiro Bruno: o tribunal da TV | 71

Caso Matías Sebastián Carena: homicídio doloso ou lesão corporal seguida de morte? | 72

Mais razão, menos emoção | 75

CAPÍTULO 6 – Conclusão: por que vale a pena fazer tudo isso direitinho? | 77

Jornalismo policial com responsabilidade | 78

GLOSSÁRIO JURÍDICO - Termos que você precisa dominar | 83

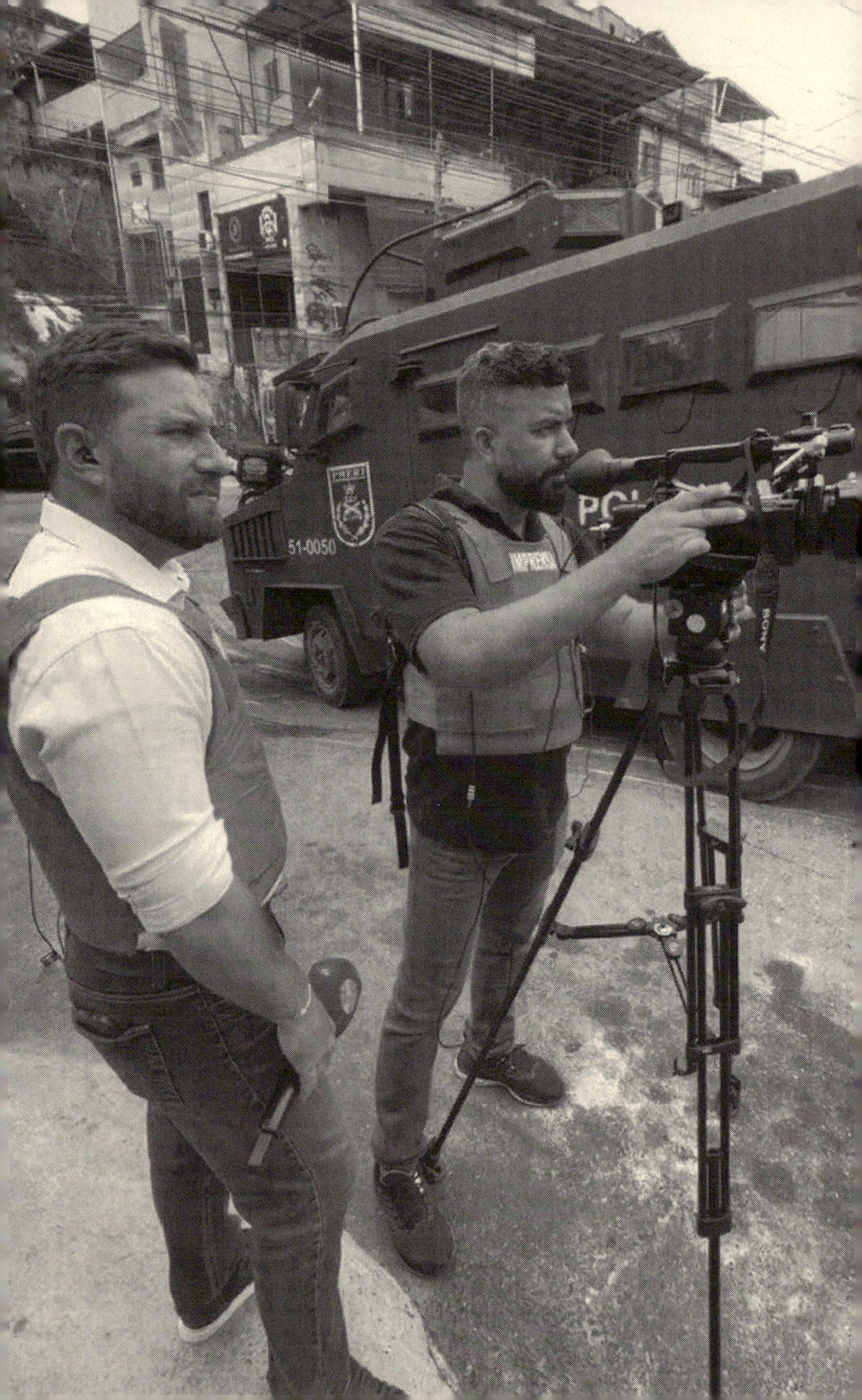
51-0050
IMPRENSA

PREFÁCIO

Conheci o jornalista Rael Policarpo durante a cobertura de um caso de grande repercussão, em fevereiro de 2014. Na época, eu atuava como comentarista de estúdio, e ele fazia a transmissão ao vivo diretamente da porta do presídio. Tratava-se de um caso emblemático, envolvendo uma prisão claramente ilegal, que rapidamente mobilizou a opinião pública. Só após aquela cobertura intensa que tive a oportunidade de conhecê-lo pessoalmente — o que apenas confirmou minha primeira impressão de que estava diante de um profissional comprometido com o fato.

Pouco tempo depois, Rael compartilhou comigo sua decisão de iniciar a faculdade de Direito. Já era um repórter completo, mas queria ir além: compreender, em profundidade, os bastidores jurídicos dos casos que narrava. Esse passo marcou o início de um processo que agora se materializa nesta obra.

"Jornalismo Factual: O Direito na Cobertura Policial" traduz, em linguagem clara e objetiva, conceitos básicos do Direito Penal aplicáveis à rotina da reportagem criminal. A obra combina noções jurídicas essenciais com a vivência de quem já esteve na linha de frente da cobertura policial, sendo especialmente útil para estudantes e jornalistas que estão começando a se aproximar desse universo, bem como para os mais experientes.

Mais do que um guia teórico, o livro é um manual do jornalismo policial e propõe ao leitor uma linha de raciocínio que parte da ética e percorre as etapas do processo penal — do boletim de ocorrência à sentença. Explica os diferentes tipos de prisão e de pena, e evidencia detalhes técnicos do Tribunal do Júri, justamente por sua repercussão midiática.

Ao longo dessa jornada, o autor não apenas ensina o "como fazer", mas também alerta para o impacto real que uma cobertura pode ter na vida das pessoas. Esta é a espinha dorsal do livro: mostrar que, no jornalismo policial, apurar não é apenas um dever técnico — é uma responsabilidade ética que começa na linguagem e reverbera nas consequências.

O leitor encontrará explicações claras sobre temas que costumam gerar dúvidas entre profissionais da imprensa, como as diferenças entre dolo e culpa, crime tentado e consumado, tipos de prisão e funcionamento das penas. Termos técnicos são traduzidos de forma simples, porém eficiente para o profissional que cobre o jornalismo policial/judicial, e cada conceito é contextualizado com exemplos práticos da cobertura diária. Há ainda uma atenção especial ao boletim de ocorrência — ponto de partida da maioria das reportagens policiais — e à relação com fontes, sempre marcada por desafios éticos.

O autor também dedica espaço à análise do impacto que a imprensa pode exercer sobre julgamentos, reforçando a importância da presunção de inocência e da escuta qualificada dos dois lados.

Rael nos oferece, assim, não apenas um manual, mas um novo *mindset* profissional — uma abordagem mais consciente e fundamentada, valiosa para estudantes de jornalismo e repórteres que cobrem crimes no dia a dia das redações.

Patrick Berriel, advogado criminalista.

INTRODUÇÃO

Por que o jornalismo policial e o Direito andam de mãos dadas?

Oi, tudo bem? Se você está aqui, provavelmente é porque já sentiu o peso de cobrir uma ocorrência policial ou quer se preparar para isso. Talvez você seja aquele jornalista que já perdeu o sono, procurando entender um boletim de ocorrência cheio de termos como "flagrante" ou "inquérito", ou quem sabe já se perguntou: "Posso publicar isso, ou vou tomar um processo?". Seja bem-vindo ao clube!

Eu sou jornalista há vinte anos, com os dois pés no Direito e mais de uma década cobrindo polícia, e garanto: esse mundo é fascinante, mas exige jogo de cintura.

Jornalismo policial não é só chegar à cena do crime, pegar o depoimento da vítima e correr para o *deadline*. É entender o que acontece por trás da notícia: o que é crime, como a justiça funciona e, principalmente, como contar essa história sem pisar no calo da ética ou da lei. É aí que o Direito Penal e o Processo Penal entram como seus melhores amigos — ou, pelo menos, como aqueles colegas de trabalho que você não vive sem.

O que é jornalismo policial, afinal? É a arte de transformar caos em informação. Um assalto, um homicídio, uma operação policial, tudo isso vira notícia nas suas mãos. Mas não é só sensacionalismo ou correria atrás de sangue! É sobre dar contexto, checar fatos e mostrar o que realmente importa. Só que, para fazer isso direito, você precisa saber o básico: o que diferencia um suspeito de um condenado? Por que a polícia prendeu alguém em flagrante e não preventivamente? E, olhe, já adianto: errar esses detalhes pode colocá-lo numa baita enrascada, seja com o editor, com o público ou até com um juiz. É por isso que tem que dominar, pelo menos, o básico do básico, do Direito Penal e Processo Penal. Eles são o mapa desse território.

O Direito Penal explica o que é crime, quem pode ser punido e como. Já o Processo Penal é o passo a passo: do momento em que a polícia chega à cena até o juiz bater o martelo. Sem entender isso, você corre o risco de publicar algo errado ou incompleto. Imagine noticiar que "fulano foi preso por homicídio" quando, na verdade, ele só foi levado para averiguação? É o tipo de coisa que derruba credibilidade — e, às vezes, até se torna caso de justiça.

Eu já vi de tudo nessa estrada: repórter confundindo indiciamento com condenação, matéria saindo com nome de menor infrator, fonte policial jogando informação errada para ver no que dava e, depois das redes sociais, uma guerra de narrativas e contrainformações. É para isso que este livro existe: dar as ferramentas para cobrir polícia com segurança e precisão, sem precisar de um diploma de Direito (embora, confesso, ele ajuda!).

O que você vai encontrar aqui? Vamos bater um papo sobre o dia a dia do jornalismo policial — desde como lidar com fontes até o que fazer com um despacho judicial cheio de "juridiquês". Vou mostrar os principais conceitos de Direito Penal e Processo Penal que todo jornalista deveria ter na ponta da língua, com exemplos práticos para não se perder. De quebra, ainda trago modelos de BOs e um glossário para aqueles momentos em que *habeas corpus* parece grego. Se você for iniciante, esse é o seu ponto de partida. Se já estiver na estrada há um tempo, encontrará dicas para afinar ainda mais o seu trabalho.

Bora mergulhar nesse universo comigo?

CAPÍTULO 1
O básico do jornalismo policial: sobrevivendo ao caos com técnica e ética

E aí, já pegou seu café? Porque cobrir polícia é aquele tipo de trabalho que o joga no olho do furacão e ainda espera que saia com uma matéria redondinha. Antes, você ainda tinha até o fim do dia para entregar o trabalho que seria publicado no dia seguinte. Para quem era da TV ou rádio, o prazo era mais curto. Agora, com a internet, e os jornais sendo multiplataforma, tem menos tempo e muito mais cobrança. Não é fácil, mas é viciante!

Neste capítulo, vamos falar do essencial para fazer jornalismo policial bem-feito: os princípios éticos, as fontes que salvam (ou ferram!) e as técnicas de apuração que separam o amador do profissional. Vamos lá?

ÉTICA: O FREIO QUE O MANTÉM NO TRILHO

Primeira coisa que você precisa gravar: jornalismo policial não é vale-tudo. É tentador correr atrás do furo, jogar um título chamativo, ou criar uma frase do tipo "Irmãs, vítimas de abuso sexual: os monstros eram o pai e o avô" e deixar o sensacionalismo rolar solto! Mas respira fundo e pense: quem está lendo isso? A vítima tem família; o suspeito, direitos; e você, uma reputação a zelar.

Escolhi esta frase de exemplo porque ela existiu de verdade. E foi criada por mim! Eu tinha uns vinte e poucos anos. Estavam me testando como repórter numa emissora de televisão, e esta foi uma das minhas primeiras reportagens policiais. Dois homens foram presos por estupro, crime pesado. Eram pai e filho. Um com uns quarenta anos e o outro, mais velho, com uns sessenta. Eles abusavam da filha/neta mais velha, que, na época, tinha 23 anos, desde que ela era pequena.

A irmã do meio – uns seis anos mais nova - passou batido, sem ser submetida às violências do pai e do avô. A caçula, de oito anos, também era abusada. Só que a menina decidiu quebrar o silêncio. Contou para a irmã do meio, que decidiu pedir ajuda à mais velha. Ao descobrir que a caçula também estava sendo abusada, desabou! Ela aguentou quieta os abusos a vida toda para proteger as irmãs mais novas, já que o pai e o avô a ameaçavam de que, se ela abrisse a boca, abusariam das irmãs menores também. Conclusão: as meninas denunciaram tudo para a polícia, e os dois homens foram presos.

Imagino que, ao ler essa história, o seu estômago deve ter embrulhado (pelo menos espero). E deve ter passado pela sua cabeça que esses dois homens são realmente monstros. É normal sentir isso. O que não pode é externar esses sentimentos como jornalista. E esse foi o meu erro.

Ao entrevistar a mãe das meninas, fiz a seguinte pergunta: "Como que a senhora se sente sabendo que se deitou, a sua vida inteira, ao lado de um **monstro**, filho de outro **monstro**?". Ela me deu uma reposta chocante, cheia de ódio, com frustração. Era tudo o que eu precisava para abrir a minha reportagem.

Iniciei o meu *off* (texto de TV) com uma frase curta e já emendei com a pergunta seguida da resposta. Achei que estava abalando! Empolgado, voltei para a redação com o texto pronto, e como já estava quase na hora do jornal, eu mesmo fui para a ilha de edição. Em emissoras pequenas, nós "assobiamos e chupamos cana". Ou seja, no aperto, fazemos de tudo! Só que, às vezes, "dá ruim".

Editei o VT e escrevi no GC (aquelas frases que aparecem durante a reportagem), aquela que vocês leram lá no início: "Irmãs, vítimas de abuso sexual: os monstros eram o pai e o avô". Querem saber qual foi o resultado? Quando o meu diretor, Eduardo Barazal, que também era o apresentador do jornal, viu a reportagem no ar, tomei uma reprimenda daquelas. Aos berros, ele dizia: "Tá maluco de escrever essa frase e de deixar a sua pergunta entrar no VT? Deixe que a esposa dele fale que eles são uns monstros, ou que os telespectadores tenham esse entendimento. Você, como repórter, jamais!".

Uma regrinha de ouro: não julgue antes do juiz. Se a pessoa for presa em flagrante, é "suspeito" ou "indiciado", não "assassino". Parece detalhe, mas já vi matéria virar processo por causa disso. Outra coisa importante: cuidado com nomes e fotos. Menor de idade? Nem pensar em expor, a não ser que a justiça libere (e olhe lá!). Vítima de violência sexual? Proteja a identidade, por lei e por decência. O Estatuto da Criança e do Adolescente (ECA) e o Código Penal estão aí para lembrar que errar nisso não é só mancada ética, é ilegal.

E mais: evite o *show* de horrores. Descrever cada gota de sangue pode até aumentar a audiência, render cliques e compartilhamentos, mas também pode atrapalhar uma investigação ou traumatizar quem lê, ouve ou assiste. Conte a história sempre com o máximo de respeito. Muitos casos já são chocantes e revoltantes por natureza. Então, faça o público entender o que aconteceu.

FONTES: SEUS OLHOS E OUVIDOS NA RUA

No jornalismo policial, fonte boa é ouro. Mas fonte ruim é cilada. A polícia é o ponto de partida: o policial que estava na ocorrência, o delegado do caso, o investigador que sabe mais do que fala. Só que nem tudo que vem deles é evangelho. Já vi policial jogando informação errada para despistar ou se aparecer — verifique antes de publicar, sempre.

Além da polícia, existe o outro lado: vítimas, testemunhas, advogados. A vítima pode transmitir o drama humano que faz a matéria respirar, mas cuidado para não pressionar quem está em choque. Testemunha é um trunfo, mas, às vezes, exagera para virar protagonista — desconfie. E advogado? Ele vai defender o cliente, então, separe o fato da narrativa. O judiciário também entra na dança. Assessoria de imprensa do tribunal, despachos de juízes e até o Ministério Público podem dar o contexto que a polícia não entrega. Mas, veja bem, não dependa só de fonte oficial. Um vizinho fofoqueiro ou um parente que abre o jogo, muitas vezes, dão o furo que ninguém mais tem — desde que você confirme depois.

Na maioria das vezes, iniciamos a carreira sem fontes. E aí, meu amigo, precisamos criá-las! No meu caso, a insistência em criar fontes foi o que impulsionou a minha carreira.

Era meado de 2006. Eu estagiava numa emissora da Baixada Santista. Entrava às 7 horas e já iniciava a "ronda" (para quem não sabe, é pegar uma lista com vários telefones de delegacias, hospitais, bombeiros, batalhões e IMLs e ligar para saber se aconteceu, ou se está acontecendo, alguma coisa). A primeira equipe de reportagem entrava no mesmo horário. Dependendo do que tinha acontecido na madrugada, ou naquelas primeiras horas da manhã, a pauta mudava, e o repórter ia para o "factual" (termo utilizado no jornalismo para algo que está acontecendo naquele momento, ou acabou de acontecer).

O problema é que eu perdia muitos factuais nas rondas. Não me passavam absolutamente nada. E não era por má vontade. Com o tempo tomando na cabeça, identifiquei que, na hora em que iniciava a ronda, o profissional que me atendia, principalmente nas delegacias, havia acabado de assumir o serviço. Ou seja, ele não sabia o que aconteceu na madrugada. Eu tinha que fazer algo. Expliquei para o meu chefe o que estava acontecendo. Disse que precisava entrar, pelo menos, uma hora antes para não tomar mais furo. Só que não aconteceu. Se eu entrasse uma hora mais cedo, teria que sair uma hora antes. E em emissora pequena, isso faz uma grande diferença. Afinal, o mesmo estagiário que faz a ronda – no caso, eu - era o que batia as pautas, imprimia o jornal e passava o TP para o apresentador (TP é a abreviação de "teleprompter", um programa que faz subir o texto na câmera para a qual o apresentador está olhando). Mas eu não podia ficar sem fazer nada. E arrisquei.

Escondido, passei a entrar uma hora mais cedo. Às 6 horas, começava a ronda. Pegava o pessoal no fim do expediente. Um humor, meu amigo, que você já deve imaginar. O começo foi bem complicado. Havia muitos que batiam o telefone na minha cara antes de eu concluir a frase: "Bom dia, tudo bem? Aqui é o Rael Policarpo, da TVB. Alguma ocorrência relevante?". Quem quiser seguir nessa estrada, tem que ser resiliente. E água mole em pedra dura...

Todos os dias, eu ligava no mesmo horário para os locais. As pessoas tinham que se acostumar comigo. Aos poucos, aqueles que batiam o telefone na minha cara me deixavam concluir a frase e respondiam seco: "Não!", ou "Sim, só que, mais informações, aqui na delegacia". Era o começo. Meses depois, as pessoas já conheciam a minha voz e concluíam a frase junto comigo. O gelo estava quebrado. Quando eu folgava por causa de um feriado, as pessoas sentiam falta da minha ligação. Criei uma rotina e, aos poucos, um laço de confiança! Às vezes, ainda dava uma passada nas delegacias para bater um papo pessoalmente com aquelas pessoas com quem só falava por telefone. Levava um bombom, ou convidava para tomar um café. Ganhei amigos e fontes, que vibraram e me ajudaram muito quando virei repórter.

Já o meu chefe, não demorou muito para descobrir que eu entrava uma hora mais cedo escondido. Aliás, ficou bem bravo e ameaçou me mandar embora. Mas eu tinha uma bela carta na manga: não tínhamos tomado mais furos, e não era uma mera coincidência. Guardei todos os relatórios que enviava diariamente para ele. Mostrei que tinha resolvido um problema. Conclusão: tomei uma advertência pela desobediência, mas não voltei a entrar às 7 horas. Ele conversou com a presidência da emissora e me manteve às 6 horas. Também aumentou meu salário em R$ 50,00 por causa da hora extra que eu fazia.

No ano seguinte, enquanto ainda era universitário, esse meu chefe começou a me testar no vídeo, e depois, me fez repórter. Após alguns anos, me levou para uma outra emissora e, em 2010, me indicou para uma vaga de repórter na Record. Hoje, não seria nenhum exagero dizer que, pautado no profissionalismo e na persistência, aquela desobediência mudou a minha história no jornalismo.

APURAÇÃO: DO BO AO FURO

Está com um bom caso na mão? Começa pelo básico: o boletim de ocorrência (BO). Ele é o esqueleto da história — quem, o que, onde, quando e como. Mas não para aí.

O BO é só o ponto de partida, não a Bíblia. Já vi boletim com horário errado, nome trocado e até crime mal classificado. Às vezes, a ocorrência policial coloca o próprio delegado em maus lençóis. Afinal, não estava no local. E o que ele sabe do caso é o que foi passado pela PM, vítima ou testemunha e escrito por um escrivão – muitas vezes, com preguiça. Sendo assim, é você quem decide se vai ser um repórter "porta de delegacia" ou aquele que apura de verdade.

Eu sempre preferi estar no local onde tudo aconteceu. Então, pegue o máximo de informações que puder do BO, anote todos os telefones e vá à luta. Converse com quem estava no lugar, pergunte o que viu, ouviu, sentiu. E não engole tudo cru: verifique datas, horários e versões. Uma dica que aprendi na marra: se a história for perfeita demais, desconfie. A realidade é bagunçada, e as pessoas mentem — às vezes, sem perceber.

Hoje em dia, as ferramentas digitais ajudam muito. Uma busca rápida no Google ou nas redes sociais pode mostrar se o suspeito já rodou antes ou se a vítima tinha inimigos declarados. Só não caia na tentação de publicar cópia de aplicativo de mensagens sem verificar — já vi notícias falsas nascendo assim.

Apesar de as ferramentas digitais serem muito úteis, cuidado com as contrainformações. Aqui no Rio de Janeiro, onde trabalho há mais de uma década com jornalismo policial, os criminosos estão ligados em tudo. E eles também querem ditar as narrativas. Seja para desviar a atenção da polícia ou inimigos - ou até mesmo pura sacanagem. As redes sociais ajudam bastante, pois muitas testemunhas preferem falar com você pela internet do que pessoalmente, até por uma questão de segurança.

Criar uma conexão com essas pessoas é muito importante. São elas que trazem outras histórias no futuro, além de ajudar no caso que está cobrindo. Mas verifique bem as informações, questione, faça essa pessoa pensar. Isso tudo, sem parecer arrogante, por favor. Ainda ficou com dúvida? Não divulgue!

O SEGREDO É O EQUILÍBRIO

No fim, cobrir polícia é equilibrar velocidade e cuidado. Vai correr contra o relógio, sim, mas um erro bobo pode custar caro. Então, respire, apure, escreva. E, se der aquele frio na barriga antes de "publicar", releia. É sinal de que você está no caminho certo.

No próximo capítulo, vamos mergulhar no Direito Penal. Antes, vou contar como o jornalismo policial funciona no Rio de Janeiro, onde a violência tem regras próprias. Aqui, nem toda história pode ser contada.

O JORNALISMO POLICIAL NO RIO DE JANEIRO

Antes de entrarmos nas questões mais técnicas e da importância do Direito Penal e do Processo Penal no jornalismo policial, acredito que seja importante falarmos um pouco de como é essa cobertura aqui no Rio de Janeiro. O negócio é *punk*, de verdade!

O Rio é o cartão-postal do Brasil. É uma cidade indiscutivelmente linda. Mas o crime faz parte da história e da cultura carioca. E você precisa adquirir uma malícia fora do comum para fazer jornalismo policial.

Eu nasci em São Paulo, mas cresci na Baixada Santista, onde dei meus primeiros passos como jornalista. Lá, já participava de algumas coberturas policiais. Porém, com muito menos frequência. Afinal, a realidade socioeconômica do Estado de São Paulo, assim como a geografia e o próprio crime, são completamente diferentes.

Quando cheguei ao Rio, em 2013, a cidade se preparava para receber uma série de eventos importantes. Em três anos, a capital fluminense recebeu a Jornada Mundial da Juventude, a Copa das Confederações, a Copa do Mundo, as Olimpíadas e as Paralimpíadas. O tráfico existia, e a milícia também. Mas o projeto das Unidades de Polícia Pacificadora estava a todo vapor. As comunidades estavam "pacificadas". Só que era uma paz provisória.

Ouvi de muitos repórteres cinematográficos cascudos que "uma hora, a bomba iria explodir". E explodiu! Na época, entrávamos tranquilamente no Complexo do Alemão, por exemplo, para gravar passagens e entrevistas. Atualmente, isso é impossível. O crime manda nas comunidades cariocas e, sem a autorização, a imprensa não entra. Mas isso é papo para outro livro. Vamos voltar para o lance da cobertura.

Aqui no Rio, nada acontece por acaso. Tudo tem uma lógica e uma explicação. Eu só entendi isso quando mergulhei na história da cidade e do crime carioca. Estudei a história das facções criminosas e das milícias. Entendi como funcionava a participação das polícias e de políticos no crime e compreendi a influência geográfica sobre a segurança pública. Para fechar, entrei na faculdade de Direito.

E existe outro ponto importante a se destacar: aqui, vivemos numa guerra. E não é brincadeira! Atualmente, os criminosos possuem as mesmas armas, ou similares, das utilizadas pelos soldados nas guerras entre Rússia X Ucrânia e Israel X Palestina. Os confrontos entre grupos criminosos rivais pela disputa por território, ou entre bandidos e policiais, ocorrem praticamente todos os dias.

Dificilmente, um repórter que cobre polícia no Rio não ficou no meio do fogo cruzado. Eu, particularmente, já perdi as contas de quantos tiroteios cobri. Alguns deles, ao vivo. É preciso ter tranquilidade, foco e técnica. Qualquer afobação pode colocá-lo na linha de tiro, ou o seu colega de trabalho. Por isso, em duas ocasiões, em 2014 e 2018, realizei um curso (oferecido pelo Exército Brasileiro e credenciado pela ONU) para jornalistas que atuam em áreas de conflito. Da primeira vez, achei que nunca colocaria em prática o que foi ensinado no curso. Já na segunda, com o Rio em plena erupção social, sabia que seria extremamente útil. E tem sido, até hoje!

Em março de 2025, fui fazer uma cobertura policial no Morro do Campinho, na Zona Norte do Rio. Um carro utilizado pelos bandidos para invadir a comunidade estava abandonado num dos acessos ao morro. O veículo estava com muitas marcas de tiro.

Chegamos à comunidade pouco depois do meio-dia. O jornal já estava no ar. O helicóptero da emissora acompanhava a nossa viatura. Por isso, não encontramos nenhuma resistência dos bandidos para ir até o carro. Muito pelo contrário. Ao notarem a nossa chegada, os traficantes se afastaram e nos deixaram trabalhar. Entre uma entrada e outra, do alto da rua, vi uns homens armados com fuzis entrarem na comunidade. Num primeiro instante, não entendi. Depois, achei que fossem bandidos rivais. Mas, em seguida, me liguei que eram policiais militares. Eles aproveitaram que a situação estava "tranquila", por causa da presença da nossa equipe de reportagem, e entraram na comunidade, apontando as armas em direção ao morro. O problema é que o repórter cinematográfico e eu - além de um monte de crianças que acompanhavam o nosso trabalho - ficamos, exatamente, na linha de tiro. Se os PMs, ou os bandidos, tivessem iniciado o tiroteio, seria um "Deus nos acuda".

Felizmente, ninguém atirou. Mas, independentemente de qualquer coisa, foi um momento em que – embora estivesse com muito medo – tivemos que manter a calma. Procuramos abrigo, e depois, saímos com segurança da comunidade.

Era uma situação aparentemente tranquila. Nem de colete estávamos. Mas, Rio é Rio. Em segundos, o caldo pode entornar.

Sabe aquela frase: "O Rio não é para amadores"? Pois é, não é, mesmo! Por isso, você tem que estar preparado. Tem que entender que todo mundo – polícia, judiciário, política e até o crime – tenta a todo momento manipular a imprensa. É um jogo de interesses muito grande. Você tem que flutuar entre todos esses mundos, sem se comprometer e sem se queimar com as fontes.

Sim, é isso mesmo o que você pensou. Aqui no Rio, também precisa ter fontes dentro do crime. Faz parte do jogo. Só precisa jogar com honestidade e deixar claro que você não é juiz, nem promotor e nem advogado de defesa de ninguém. É apenas um jornalista. Um contador de histórias. E olhe, nem toda história, por melhor que seja, deve ser contada. Eu senti o gosto amargo de ter um baita caso na mão, mas ter que deixá-lo de lado por questões de segurança.

A VIDA ACIMA DE QUALQUER FURO

Em 2018, fiquei diante daquele que poderia ser o grande furo da minha vida. A reportagem que iria me proporcionar prêmios e muita moral. Se eu ficasse vivo! Um crime de grande repercussão nacional envolvendo figuras públicas. Por questões de segurança, não posso divulgar que crime é esse. Primeiro, porque envolve pessoas extremamente importantes. Segundo que, até a edição desse livro, o caso ainda não tinha sido transitado e julgado. Ou seja: o processo ainda estava em andamento!

Poucos meses após o crime, que abalou o Brasil, recebi o telefonema do advogado de um homem que tinha sido preso apontado pela polícia como o mandante desse crime, um homicídio. Fui ao encontro dele e tomamos um café. Ele me disse que o cliente dele era inocente e me deu todas as provas que usaria na defesa. Mais que isso: me deu o mapa de ouro do crime. O nome de todos os envolvidos e como foi planejado. Só faltou a motivação. Fiquei perplexo. Voltei para casa e montei um organograma. Não contei para ninguém, exceto para uma pessoa: o jornalista Vinícius Dônola.

Eu, honestamente, não sabia o que fazer com todas aquelas informações. Liguei para o Vinícius para pedir uma luz. Ele estava a caminho do teatro. Ouviu com calma e pediu para conversarmos durante a semana. Encontrei com ele na TV dias depois. Sereno e sempre calmo, o Vinícius olhou no fundo dos meus olhos e disse: "Rael, deixa isso pra lá! Sua esposa tá grávida. Tem furo que não vale a pena. Você é novo e tem uma carreira e tanto pela frente. Esse é um vespeiro muito perigoso e não vale a pena mexer".

É claro que fiquei frustrado, mas ouvi o conselho do Vinícius. De que adiantava me colocar em risco? Por mais que eu ame o jornalismo, nenhuma reportagem é mais importante que a nossa vida. Sabe o que é ainda mais interessante nessa história? É que o Vinícius deu outros furos sobre esse caso e nunca mencionou nenhuma das informações que compartilhei com ele. Um exemplo de ética e profissionalismo!

No próximo capítulo, como disse antes, vamos entrar no Direito Penal para entender o que é crime de verdade e como não tropeçar na hora de noticiar.

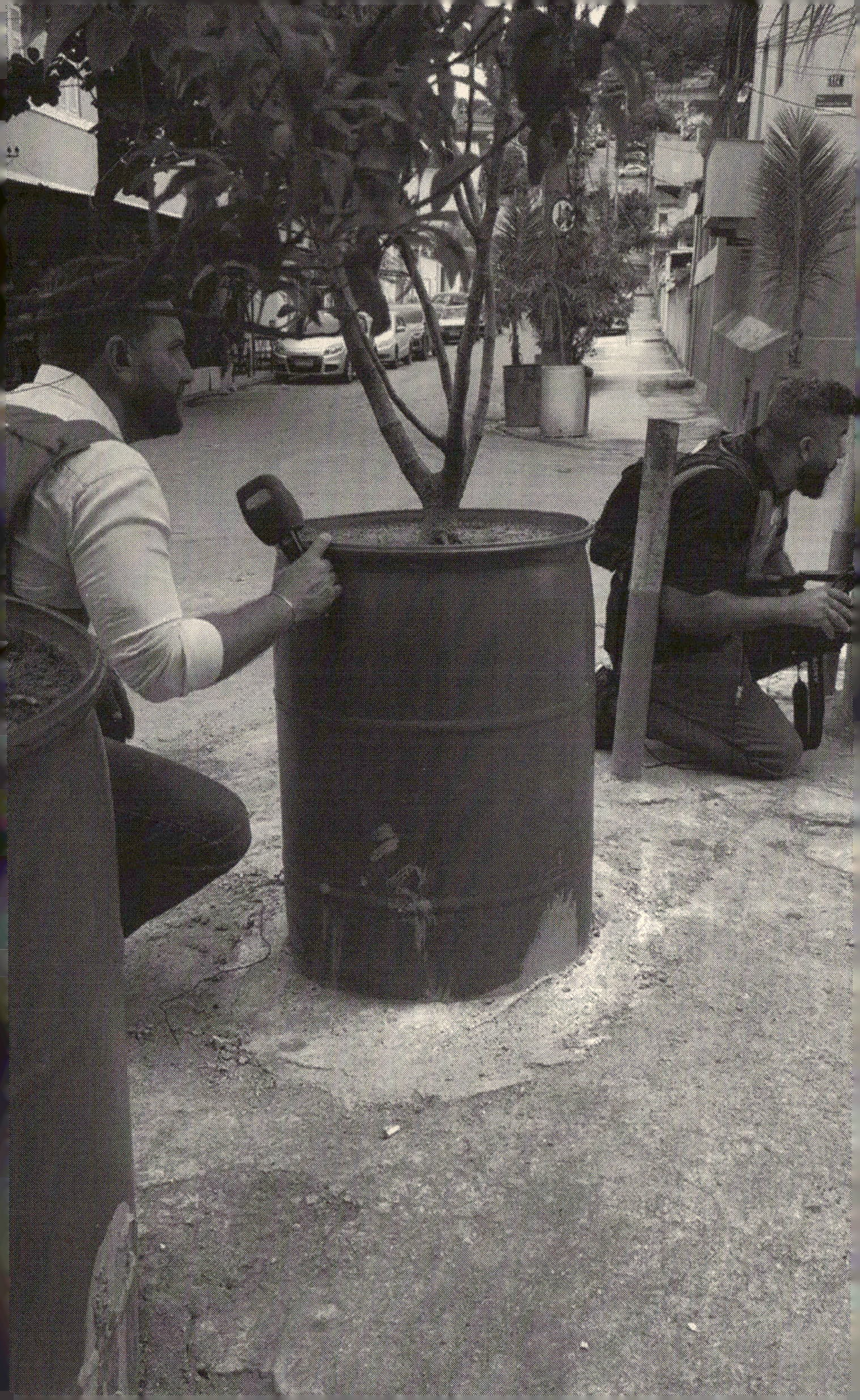

CAPÍTULO 2
Noções fundamentais de Direito Penal para jornalistas: o que é crime e como noticiar sem vacilar

E aí, já se pegou olhando um BO e pensou: "Tá, mas isso aí é crime mesmo?". Ou, então, ouviu um delegado falando em "dolo" e ficou com cara de quem caiu de paraquedas? Relaxe, eu também já passei por isso. O Direito Penal pode parecer um bicho de sete cabeças, mas, na real, é só entender o básico para cobrir polícia com segurança. Nesse capítulo, vamos destrinchar o que é crime, os tipos principais e como isso afeta a reportagem. Bora?

O QUE É CRIME, AFINAL?

Crime é um ato que a lei diz que não pode — e que, se acontecer, vem punição. Simples assim? Mais ou menos. Para ser crime, precisa de três ingredientes: um fato que a lei proíbe (matar alguém, por exemplo); uma pena prevista (cadeia, multa etc.); e uma intenção ou descuido que justifique punir. Sem isso, pode ser só uma mancada, mas não vira caso de polícia.

Aqui entra a primeira coisa que você precisa entender: nem tudo que parece crime é. Um homem briga com o vizinho e quebra o nariz dele? Pode ser lesão corporal, crime previsto no Código Penal. Mas, se este homem só gritou, deu aquele empurrãozinho e falou alguns palavrões? É chato, mas não é crime. Saber isso evita que você publique uma "denúncia grave" que, no fundo, não passa de fofoca.

DOLO E CULPA: A CABEÇA POR TRÁS DO CRIME

Duas palavrinhas que vai ouvir muito, principalmente da boca de delegado e advogado: dolo e culpa. E é aqui que vem o pulo do gato.

Para ser crime, é preciso ter intenção (dolo) ou um descuido sério (culpa). Dolo é quando a pessoa quis fazer ou aceitou o risco. Exemplo: alguém aponta a arma, atira e mata - homicídio doloso. Agora, se o motorista dirigiu em alta velocidade, atropelou e matou alguém, é homicídio culposo. Eu sei que os termos, às vezes, confundem.

Ouvi muitas vezes a frase "o homicídio é culposo porque o autor teve culpa", associando culpa à intenção. Só que, na real, é o oposto disso. Culpa é quando alguém não quis, mas cometeu o crime por desleixo. O resultado acontece por negligência (falta de cuidado), imprudência (quando se desconsidera os riscos) ou imperícia (quando não há aptidão para determinado ofício). E por que isso importa para você? Porque muda a manchete. "Homem mata esposa a facadas" é dolo, intenção pura. "Motorista causa acidente e mata pedestre" pode ser culpa, sem querer. Se errar esse tom, você já julga a pessoa antes do juiz — e isso é cilada.

Então, toda morte ou tentativa que acontece a partir de uma intenção é dolosa? Calma lá, também! O contexto tem que ser analisado, pois o delegado pode entender uma coisa e a justiça outra. E acontece muito!

Recentemente, fui a Nova Iguaçu cobrir um assassinato. A história que eu tinha, e que estava narrada no boletim de ocorrência, era de que um PM reformado (aposentado) foi tirar satisfações com um mecânico por causa de um problema na moto de um familiar. Durante a discussão, o mecânico havia tirado a arma do policial, que estava na cintura dele, e o matou. No boletim de ocorrência, o crime classificado era "homicídio doloso". De cara, desconfiei. Ligamos para o delegado e ele não quis falar. Acontece.

Fui ao local. Lá, comecei a ouvir os vizinhos. Falei com um, com outro, até chegar à testemunha-chave, aquela que viu tudo e até tentou apartar a briga. Detalhe: ela não tinha sido mencionada no BO. A versão dela era bem diferente. Ela me contou que o PM reformado chegou bem exaltado, exigindo uma série de coisas, e que ele teria puxado a arma e apontado para o mecânico. Assustado, o mecânico teria pegado uma chave de roda e acertado o policial reformado. Eles ainda teriam se embolado, e enquanto rolavam no chão, a arma disparou e acertou o PM. Com medo, o mecânico fugiu. A família dele alegou legítima defesa. A do policial, assassinato.

Nessa história que eu contei, há dois detalhes importantes: o primeiro é que tem que ouvir os dois lados, sem desqualificar nenhuma das versões (lembre-se de que as famílias estão assistindo, e estão sofrendo). O segundo ponto é o verbo. Você notou que eu escrevi todas as frases no condicional? "[...] ele **teria puxado** a arma e apontado para o mecânico. Assustado, o mecânico **teria pegado** uma chave de roda e acertado o policial reformado. Eles ainda **teriam se embolado** [...]". Desta forma, você tira a sua responsabilidade. Afinal, é algo que ainda precisa de uma investigação e, no final, tudo pode mudar.

No texto dessa reportagem, eu usei frases como "a polícia investiga a morte de um policial militar reformado", "a família do mecânico acredita que ele agiu em legítima defesa", "essa testemunha diz que viu tudo o que aconteceu" etc., sempre colocando as informações na boca das pessoas que eu ouvi ou entrevistei. E só para fechar, a polícia indiciou o mecânico pelo crime de homicídio doloso, mas a justiça negou a prisão justamente por entender que o caso poderia ter ocorrido em legítima defesa.

CONSUMADO OU TENTATIVA?

Outra coisa que confunde: o crime aconteceu ou quase aconteceu? É aí que entra aquele lance do "crime consumado" e "crime tentado".

Se o ladrão entrou na casa, pegou a TV e saiu, é furto consumado. Se a polícia o pegou com a mão na janela, é tentativa. A pena muda, e a notícia também. Dizer que "bandidos roubaram banco", quando só tentaram, deixa o leitor, ouvinte ou telespectador perdido, e a sua credibilidade, na lama. Certifique-se sempre se o crime realmente ocorreu. E, na dúvida, ligue para aquele amigo criminalista. Se não é do Direito, não ouse classificar crimes. Por mais que tenha certeza, deixe a responsabilidade para quem é da área.

Uma vez, a imprensa estava reunida no Instituto Médico Legal da Leopoldina, região central do Rio de Janeiro. Uma mulher tinha sido morta durante uma tentativa de assalto. Logo, os colegas ligaram o fato morte à tentativa de assalto e resolveram que, mesmo sem o depoimento do delegado, o caso se tratava de uma "tentativa de latrocínio". Todos noticiavam desse jeito. Menos eu!

Latrocínio é popularmente conhecido como o "roubo seguido de morte". Só que aqui existe uma pegadinha que só não cai quem é do Direito (ou quem leu esse livro). Quando os bandidos vão cometer um assalto e matam alguém, o latrocínio é consumado, mesmo que eles não consigam fugir com o bem, que eles queriam roubar. Então, nesse exemplo, mesmo que o assalto tenha ficado na tentativa, como ocorreu a morte, é latrocínio.

PENAS: O QUE ACONTECE DEPOIS DO CRIME

Há uma outra coisa que faz muito repórter passar vergonha: cravar quanto tempo de cadeia o fulaninho vai pegar.

Além de ser prematuro, pois o processo nem aconteceu, é preciso ter o mínimo de conhecimento jurídico. As penas são as punições determinadas pelo juiz após o julgamento em primeira instância. Podem ser privativas de liberdade (prisão), restritivas de direito (penas alternativas, como cumprimento de participar de projetos socioeducativos, por exemplo) e/ou multa (pagamento de algum valor). Existe uma série de regras para a definição das penas, como o tipo de crime e o próprio tempo de pena previsto no Código Penal. Quem decide isso é o juiz. Por isso não se precipite. De qualquer forma, vou dar uma pincelada em alguns pontos que podem ajudar.

As penas restritivas de liberdade podem ser de reclusão, detenção ou prisão simples. A reclusão é para crimes mais pesados, como homicídio ou roubo com arma. É o tipo de pena que pode começar em regime fechado — ou seja, direto para cadeia, trancado mesmo, sem sair para trabalhar ou estudar logo de cara! Detenção, por outro lado, é para crimes de menor gravidade, como uma briga que acabou em lesão leve ou um furto simples. Geralmente começa em regime semiaberto ou aberto, com mais chances de o condenado ter algum respiro fora da cela. Mas, atenção: tanto reclusão quanto detenção são cadeia; só mudam o peso do crime e como a pessoa vai cumprir a pena.

Ainda existe a prisão simples, para contravenções penais, e também pode iniciar o cumprimento em regime semiaberto ou aberto. O que você precisa saber na prática é: não chame de "condenado" quem ainda não foi julgado. "Preso" é o termo seguro enquanto o processo está em andamento. E cuidado com a palavra "pena". Ela só vale depois da sentença. Antes disso, é só investigação ou prisão provisória.

Há também a prisão em flagrante, a preventiva, a temporária — mas isso será detalhado no capítulo do Processo Penal, porque é outra novela.

PRESCRIÇÃO: QUANDO O CRIME EXPIRA

O Direito está cheio de termos e pegadinhas. Eu sei que, no início, assusta, mas é só ter cuidado, atenção e vontade de aprender. Com o tempo, terá tudo memorizado.

Quer um outro exemplo que faz repórter arrancar os cabelos? Quando um suspeito de um crime, mesmo com todas as provas contra ele, sai pela porta da frente da delegacia. Isso pode acontecer por uma série de situações. Já ouviu falar que "Fulano escapou porque o crime prescreveu"? É real. Cada crime tem um prazo para ser punido, baseado na pena máxima. Homicídio doloso, por exemplo, pode levar até vinte anos para prescrever. Furto simples? Bem menos.

Se o processo demora demais e o prazo acaba, *bye-bye*, ninguém vai preso. Isso aparece muito em matérias de crimes antigos. Por isso, antes de noticiar um "criminoso foragido há 15 anos", confirme se ainda dá para punir. Senão, o foco muda: vira história de impunidade, não de caçada. Outra situação é a apresentação voluntária do suspeito. Acontece quando o autor do crime vai até a delegacia e se apresenta. Se ele não possuir antecedentes criminais, tiver endereço fixo e trabalho, não vai ficar preso. Ele responde ao processo em liberdade, mesmo que tenha confessado o crime. É revoltante? Pode até ser. Mas é a lei. E a regra do nosso ordenamento jurídico é a liberdade, não a prisão.

COMO USAR TUDO ISSO NA PRÁTICA?

Quanta informação, não é? Eu aposto que esteja se perguntando como usar tudo isso que acabou de ler na prática. Acredite, vai usar. Muito mais do que imagina.

Pense na seguinte cena: está cobrindo um caso de atropelamento, o BO diz que o motorista fugiu, mas testemunhas falam que ele estava correndo para levar o filho ao hospital. É dolo ou culpa? Consumado ou tentativa (se a vítima sobreviveu)? Agora, você já sabe! E saber essas diferenças ajuda a escrever uma matéria precisa, sem chutar o balde. "Motorista atropela e foge" é bem diferente de "Pai em desespero causa acidente".

O Direito Penal é tipo um manual para entender o que acontece na rua. Não precisa virar advogado, mas aprender esses conceitos o salva de publicar besteira — e ainda dá um ar de quem manja! No próximo capítulo, entramos no Processo Penal para ver como o crime vira caso de justiça.

CAPÍTULO 3
Processo Penal, o caminho da notícia: da cena do crime ao martelo do juiz

E aí, já teve que correr atrás de um caso e ficou perdido entre "inquérito", "denúncia" e "julgamento"? Ou ouviu um delegado falar em "preventiva" e pensou: "Tá, mas não era flagrante?". O Processo Penal é tipo o GPS do crime: ele mostra o caminho desde a sirene da polícia até a sentença do juiz. Neste capítulo, vamos descomplicar tudo isso para você noticiar direitinho — e sem dar nó na cabeça. Preparado?

AS FASES DO PROCESSO

Tudo começa com o inquérito policial. É a investigação, o momento em que a polícia junta provas: ouve testemunhas, recolhe digitais, analisa câmeras. O delegado comanda essa parte e, no fim, manda um relatório ao Ministério Público.

Para você, jornalista, o inquérito é ouro: o boletim de ocorrência nasce aqui, e as primeiras versões do caso também. Mas cuidado: é só o começo, nada está decidido ainda. Então, vem a denúncia.

O MP — o "advogado da sociedade" — observa o inquérito e decide se existe base para acusar alguém. E quais são essas bases? Os indícios de autoria (que levam a crer que aquela pessoa é a suspeita) e os indícios de materialidade (se o crime realmente ocorreu, como, por exemplo, o bem roubado, o corpo da vítima etc.). Os indícios de autoria e materialidade é o que forma a "justa causa", termo jurídico que, se já não ouviu, ainda vai ouvir muito delegado falar.

Se o MP entender que essas bases existem (a justa causa), é escrita a denúncia e encaminhada à justiça. A denúncia vai ser lida por um juiz, que também vai analisar os indícios de autoria e materialidade. Se também houver o entendimento que sim, a justiça "aceita a denúncia do MP". É nesse momento em que o suspeito vira "réu", e que você pode escrever na sua reportagem: "Fulano foi denunciado por homicídio". Mas não confunda: denunciado não é condenado, OK? A condenação só ocorre após o julgamento, e mesmo depois, ainda cabe recurso.

Pareceu confuso? Vamos resumir para facilitar o entendimento. Veja: ocorreu um crime, e uma pessoa é apontada como a autora desse crime. A polícia abrirá inquérito para investigar e tratará essa pessoa como suspeita. É o termo técnico correto para essa fase do processo. Depois que o Ministério Público encaminhar a denúncia para a justiça, pode-se dizer que o suspeito foi denunciado pelo MP. A justiça aceitou a denúncia? O suspeito passa a ser acusado pelo crime.

Agora, existe um detalhe muito importante: há tempos, muitos jornalistas passaram a usar o termo "suspeito" como um sinônimo de bandido. Não está certo. Como eu disse, suspeito é um termo técnico usado numa determinada fase do processo. Veja este exemplo: uma câmera de segurança registra um assalto numa rua. Três bandidos descem do carro, armados com pistolas, e fazem uma família refém. O jornalista descreve a imagem: "Três suspeitos armados descem do carro e fazem a família refém". Aqui, o suspeito está sendo usado como sinônimo de bandido. Está errado! Sem medo de processo, pode escrever que os homens que aparecem no vídeo são ladrões, bandidos, assaltantes ou criminosos. Se a polícia prender alguém e dizer que é uma das pessoas que aparece no vídeo, aí sim você diz que "A polícia prendeu um dos suspeitos de participar do assalto na rua tal". Percebeu a diferença?

Na imagem, o que aparece são bandidos em ação. Mas, se o delegado prendeu a pessoa certa, é outra história. Você o chama de suspeito, que é o termo técnico adequado, e ainda se livra de um processo.

O JULGAMENTO E O TRIBUNAL DO JÚRI

O processo é aberto pelo juiz após aceitar a denúncia do Ministério Público. Tirando os crimes dolosos contra a vida (homicídio, feminicídio, infanticídio, aborto e induzimento ao suicídio), que vão para o Tribunal do Júri, o julgamento dos crimes acontece, basicamente, assim: ocorre a fase de instrução e julgamento, em que o juiz ouve as partes — acusação, defesa, testemunhas — e junta mais provas. É a fase mais longa, cheia de audiências e papelada. Para você, é a chance de acompanhar os detalhes: o que a perícia achou? O que o réu disse? Só não publica o que tiver sob sigilo de justiça, senão, o pau quebra!

Por fim, vem o julgamento. O juiz decide: condena ou absolve. Se condena, define a pena; se absolve, o réu está livre. Aqui, você finalmente pode usar "condenado" ou "absolvido" na manchete — mas só aqui, combinado? E lembre-se: cabe recurso.

Nos crimes dolosos contra a vida, é um pouquinho diferente. É aqui que muito jornalista se descuida, então, preste bem atenção. O Tribunal do Júri é composto de duas fases. A primeira é como a dos outros crimes. O que acontece é que, no fim da fase de instrução e julgamento, o juiz não dará sentença. Ele vai decidir se pronuncia, impronuncia, desclassifica o crime ou absolve. Calma! Não feche o livro. É menos complicado do que imagina. Vou mastigar para você:

- **Pronúncia** - É quando o juiz entende que o réu cometeu ou participou daquele crime. É aqui em que se pode dizer "Fulano vai a júri popular".
- **Impronúncia** - É a decisão judicial que rejeita o julgamento de um réu pelo Tribunal do Júri. Acontece quando o juiz não encontra provas suficientes da materialidade do crime ou de que o réu tenha participado.
- **Desclassificação** - É quando o juiz entende que não se trata de um crime doloso contra a vida. Neste caso, não seria competência do Tribunal do Júri.
- **Absolvição** - Também chamada de absolvição sumária, é quando o juiz absolve o réu de todas as acusações antes do julgamento do Tribunal do Júri. É uma decisão excepcional que só deve ocorrer em situações claras.

Ufa! Deu uma clareada por aí? Então, vamos continuar com a segunda fase do Tribunal do Júri, que é o júri popular.

Após o juiz pronunciar o réu, o processo passa, de novo, diante dos olhos e ouvidos dos jurados. São convocados 25 jurados, e a sessão plenária só acontece com, pelo menos, 15 jurados presentes. Mas só sete são sorteados para fazer parte do Conselho de Sentença. O Ministério Público, defesa, testemunhas das duas partes e o réu são ouvidos mais uma vez. O júri pode durar horas, até dias. No final, são os jurados do Conselho de Sentença que vão decidir se o réu é culpado ou inocente.

O juiz, diante da decisão dos jurados, vai atribuir a pena. Ou seja: decidir quanto tempo o réu vai ficar preso e o regime da prisão. Vale lembrar que, a partir de setembro de 2024, o Supremo Tribunal Federal (STF) decidiu que os réus condenados pelo júri podem ser presos imediatamente após a decisão. Antes, a prisão só ocorria de forma imediata para penas com mais de 15 anos de prisão.

Por falar em prisão, você se pegou questionando que raios significa prisão preventiva e temporária? Qual a diferença? E a tal da prisão em flagrante? Pois bem, essas prisões acontecem antes do julgamento, no início do processo. E não são a mesma coisa. Mas, antes de entrar nesse assunto, faça uma pausa. Tome uma água ou passe um café. Aquele respiro refresca a mente e ajuda a organizar as ideias.

TIPO DE PRISÃO: FLAGRANTE, PREVENTIVA E TEMPORÁRIA

Bom, então vamos retomar as prisões que você vive noticiando.

Primeiro, o flagrante, é quando pegam a pessoa no ato, por exemplo, roubando uma loja ou brigando na rua. A polícia pode prender na hora, sem precisar de ordem judicial. "Ladrão é preso em flagrante" é clássico, mas confirme se foi mesmo assim — às vezes, exageram no termo. A prisão em flagrante também pode acontecer logo após o crime, ou uma perseguição. Para isso, claro, é necessário que se tenham elementos que liguem aquele suspeito à cena do crime. Por exemplo: alguém percebeu que o ladrão pulou o muro de uma casa e a polícia foi atrás. Quando encontraram o bandido, ele estava com a arma do crime e os objetos roubados.

Você se lembra do caso Lázaro? Em junho de 2021, um homem chamado Lázaro Barbosa, de 32 anos, ficou fugindo da polícia (sim, o verbo é mesmo no gerúndio, por causa da continuidade) por vinte dias seguidos. Ele começou a ser perseguido após invadir uma casa em Ceilândia, no Distrito Federal, e matar quatro pessoas da mesma família. Lázaro era investigado por mais de trinta crimes. A perseguição terminou com a morte dele, num confronto com a polícia, na cidade de Cocalzinho de Goiás. Como a perseguição foi ininterrupta, caso ele tivesse sido preso, mesmo após vinte dias, seria em flagrante.

A preventiva é diferente. O juiz manda prender para evitar que o suspeito fuja, ameace testemunhas, desapareça com provas ou continue o crime. Nesse tipo de prisão, o suspeito responde ao processo preso. Saber dos requisitos básicos para essa prisão e usá-los da forma correta durante uma cobertura podem mudar os rumos de uma investigação. Quando isso acontece, é satisfatório demais, e eu posso provar. Vem comigo!

Em maio de 2022, um funcionário de uma lanchonete foi baleado por um bombeiro, no bairro da Taquara, na Zona Oeste do Rio. O caso aconteceu durante a madrugada, e eu soube logo por volta das quatro da manhã, quando cheguei à redação. Nessa época, apresentava o jornal da manhã, nas férias do apresentador titular. A vítima estava internada em estado grave num hospital da região. O bombeiro tinha fugido.

Na hora em que o jornal começou, a Polícia Militar ainda estava no local à espera da perícia. Não foi difícil identificar o suspeito. Afinal, ele tinha comprado um hambúrguer com o próprio cartão, e havia as imagens das câmeras de segurança, que mostravam o momento em que ele chegou de carro à lanchonete, da discussão e da fuga. O carro estava no nome dele, então, foi fácil saber quem era aquela pessoa.

Os policiais civis poderiam ir até a casa dele e conduzi-lo à delegacia. Mas, por se tratar de um bombeiro, o delegado o intimou para prestar depoimento no final da tarde daquele dia. Conclusão: ele não apareceu na delegacia e, ainda por cima, voltou à lanchonete, ameaçou os outros funcionários e "pegou à força" o HD com as imagens das câmeras de segurança.

Na manhã seguinte, a nossa produção tinha marcado uma entrevista com o delegado responsável pelo caso. Entre uma pergunta e outra, ele falou que tinha feito o pedido da prisão temporária (que vamos falar já, já). Estranhei, mas engoli a seco. Esperei para ver o que ocorreria durante o dia, e foi aí que a justiça me deu palco e música boa para bailar no dia seguinte. O pedido de prisão, mesmo que temporária, foi negado. A justificativa era confusa, mas era tudo o que eu precisava para mostrar que eu sabia o que estava fazendo.

No terceiro dia de cobertura do caso, levantei uma série de questionamentos e reforcei que, na minha opinião, a justiça tinha tudo o que precisava para decretar a prisão preventiva. Vamos recapitular: o bombeiro sacou a arma e atirou no funcionário da lanchonete durante uma discussão banal, fugiu, não se apresentou à polícia, ameaçou testemunhas e ainda tentou prejudicar as investigações sumindo com as provas. O delegado foi na minha e subiu o tom. Disse que pediria a preventiva e fez. A justiça, então, decretou no mesmo dia.

Vendo a repercussão, o bombeiro se apresentou com o advogado, alegando que tinha bons antecedentes, endereço fixo e trabalho. Mas era tarde demais! Foi preso. Dias depois, tomando um café com o delegado, este me falou que a pressão que fizemos pela preventiva foi fundamental para mudar a cabeça do juiz. Uma vez, ouvi a seguinte frase: "Decisão judicial tem que ser cumprida, mas questionar não é proibido, ainda mais quando existem argumentos".

Até aqui, deu para entender a diferença entre prisão em flagrante e preventiva? Se não, dê aquela pausa. Estique as pernas e se distraia um pouco. Se sim, vamos em frente, porque é hora de falar sobre a prisão temporária.

A temporária é mais curta, usada só na investigação para crimes graves como homicídio, sequestro, estupro e tráfico de drogas. Normalmente, dura cinco dias, podendo ser prorrogada por mais cinco. Mas pode ser trinta dias, prorrogável por mais trinta, se o crime for hediondo (não precisa arrancar os cabelos, pois vamos também falar sobre isso).

"Suspeito é preso temporariamente em caso de sequestro" é o tipo de notícia que cabe aqui. Esses crimes são mais complexos, e a polícia precisa de fôlego para investigar direito. Se o prazo acabar e não virar preventiva, a pessoa é solta —

então, fique de olho nisso para atualizar a notícia na hora certa! Saber a diferença é essencial para não publicar "Fulano foi preso" e deixar o leitor, ouvinte ou telespectador sem contexto. Um "preso em flagrante por roubo" é bem diferente de "preso temporariamente por suspeita de homicídio". Detalhes mudam a história — e a credibilidade da sua reportagem.

Contribuir com uma investigação é algo muito legal! Mas e quando atrapalhamos? Já aconteceu comigo e foi bem chato.

DA ALEGRIA DO FURO À BRONCA DO DELEGADO

Uma vez, recebi imagens impressionantes de um roubo de cargas de pneus. O caminhão tinha muitas câmeras e flagrou tudo. Desde a abordagem dos bandidos na Avenida Brasil, na altura da Vila Kennedy, na Zona Oeste do Rio, até o momento em que ele foi descarregado num galpão, numa comunidade vizinha. Também tinha o registro de toda a conversa do criminoso que foi com o motorista na cabine do caminhão.

Era um material muito bom. Baita furo! Mas, nesse dia, eu estava de folga. Não poderia esperar o dia seguinte para dar a matéria. A fonte confiou que daríamos naquele dia, e esperar até o dia seguinte era correr o risco de aquelas imagens pararem nas mãos da concorrência. Para quem joga truco, seria como morrer com o "*zap*" na mão.

Então, enviei as imagens para o editor-chefe do jornal, e deitaram e rolaram! O nosso helicóptero mostrou, inclusive, o galpão onde a carga de pneus foi descarregada. Tudo com o selo de "exclusivo". Dois dias depois, a Polícia Civil montou uma operação para tentar recuperar a carga roubada. Quando cheguei à redação, a operação já estava se encerrando, com poucas equipes no local.

Sendo assim, fui direto para a Cidade da Polícia (um complexo que reúne várias delegacias especializadas) na Zona Norte do Rio. De lá, fiz várias entradas ao vivo sobre o caso, repercutindo a operação e – claro! - as imagens exclusivas que eu havia conseguido. A polícia não encontrou os pneus. Mas eu tinha muitas fontes naquela comunidade, e elas me passavam a movimentação dos bandidos e de parte da carga em tempo real. Como uma metralhadora, soltava as informações. Uma atrás da outra.

Assim como os bandidos, os policiais também acompanhavam o jornal pela TV. E a cada informação que eu dava, os bandidos se mexiam, e a polícia chegava atrasada. Virou um pique-esconde da vida real. Falando assim, parece até engraçado, mas o delegado não gostou nem um pouco. Ele me chamou no canto e disse: "Meu amigo, você está atrapalhando as investigações".

Apesar da empolgação, eu realmente não estava ajudando (só aos bandidos). Deveria ter compartilhado as informações com as minhas fontes da polícia e esperar para dar mais um furo, que seria o da prisão de algum suspeito, ou da carga encontrada. Aliás, nenhum pneu foi encontrado até hoje. Mas o delegado me perdoou e continua meu amigo.

SIGILO DE JUSTIÇA: O QUE PODE (E O QUE NÃO PODE) USAR NA REPORTAGEM

Agora, um tema que já tirou o sono de muito jornalista: o

sigilo de justiça. Você já deve ter ouvido falar de casos em que o juiz "tranca" o processo e ninguém pode publicar nada, né? Mas nem todo sigilo é igual, e entender isso é o que salva de uma dor de cabeça — ou até de um processo judicial.

O sigilo de justiça existe para proteger detalhes como a privacidade das vítimas (especialmente de menores ou em crimes sexuais), a investigação (para não atrapalhar a coleta de provas) ou até a segurança pública. Quando um processo está sob sigilo, você não pode simplesmente pegar o despacho do juiz ou o inquérito e jogar na manchete. Se fizer isso, pode levar uma multa, ser processado ou, no mínimo, queimar sua credibilidade com as fontes.

Mas calma, nem tudo é proibido: informações básicas, como o fato de que "um suspeito foi preso por tal crime", muitas vezes, podem ser noticiadas, desde que não entre em detalhes protegidos. O truque é checar com suas fontes — polícia, assessoria de imprensa do tribunal ou até o MP — o que já está liberado para divulgar.

E há um detalhe: o sigilo não dura para sempre. Quando o processo avança ou o juiz levanta o segredo de justiça, você pode ter acesso aos documentos e contar a história completa. Então, paciência é uma virtude aqui. Um exemplo prático: em casos de corrupção envolvendo políticos, o sigilo pode cair depois de a denúncia ser aceita, e então, aquele festival de documentos vazados. Só não se empolgue antes da hora! Confirme sempre o *status* do sigilo antes de apertar o "publicar".

Durante a minha caminhada pelas estradas do jornalismo policial, criei algumas formas de noticiar crimes envolvendo menores de idade e de violência sexual. Se você nasceu no final dos anos de 1990 ou início dos anos 2000, naturalmente, quando lê ou escuta a palavra "menor", já imagina o envolvimento dessa pessoa com algum crime. Isso acontece porque o termo "menor infrator" foi usado exaustivamente pela imprensa de modo geral. Causa confusão. Então, eu prefiro usar palavras como "adolescente", ou "jovem de 14 anos", por exemplo. Ninguém, no dia a dia, fala "menor infrator". Tente sempre utilizar uma linguagem simples.

Já em relação aos casos de violência sexual, não adianta nada proteger a identidade da vítima, mesmo que seja maior de idade, e identificar um parente próximo, como pai ou mãe. Às vezes, é complicado revelar até a identidade do suspeito. Imagine se o homem preso pela polícia é da família da vítima. Todo mundo que conhece o suspeito saberá quem é a vítima. Lembre-se de que estamos diante de um dos crimes mais repugnantes que existe, e que deixa marcas profundas nas vítimas. Protegê-las é uma questão moral!

No próximo capítulo, vou dar dicas valiosas para o dia a dia da cobertura policial. São aquelas "bizus" para você mandar "benzão". Já é?!

CAPÍTULO 4
Dicas para o dia a dia: como não se perder na correria policial

E aí? Já está com o bloquinho cheio de anotações e o celular tocando sem parar? Cobrir polícia é assim: uma mistura de adrenalina, prazo apertado e aquele frio na barriga de querer fazer tudo certo. Nesse capítulo, vou passar umas dicas práticas que aprendi em anos de rua para ajudar a interpretar um BO, lidar com fontes e não cair em cilada. É o tipo de coisa que faz a diferença entre uma matéria meia-boca e uma que todo mundo comenta. Bora?

LENDO UM BO COMO PROFISSIONAL

O boletim de ocorrência (BO), ou registro de ocorrência (RO), como é chamado aqui no Rio, é seu ponto de partida, mas não é um romance — parece um quebra-cabeça. Nem sempre vem tudo mastigado. Já peguei BO com horário errado, nome trocado e até crime mal classificado (tipo "roubo" que era "furto").

Na primeira vez que pega um, parece um formulário cheio de códigos e termos estranhos — "artigo 157", "natureza: roubo", "flagrante". E aí? Calma! É mais simples do que parece.

Primeiro, procure os básicos, o *lead* da reportagem: quem (vítima, suspeito, testemunhas), o que (o crime ou incidente), quando (data e hora), onde (local) e como (descrição do que aconteceu). Essa é a espinha dorsal da sua história. Se tiver um artigo citado, como o 157 do Código Penal, é só "dar uma pesquisada" rápida na internet — ou, melhor, ter um aplicativo de leis no celular (iremos falar de ferramentas digitais já, já) — para confirmar que é roubo, por exemplo.

Mas atenção: o BO é um relato inicial, não uma verdade absoluta. Às vezes, a vítima exagera, o policial resume demais, ou os fatos mudam na investigação. Então, cruze com outras fontes antes de publicar. Já vi BO de "tentativa de homicídio" virar "lesão corporal leve" depois que a perícia entrou em cena. Checar é seu superpoder aqui.

Dica de ouro: comece pelos campos principais — "natureza da ocorrência" (homicídio, lesão etc.) e "narrativa dos fatos" (o que a vítima ou testemunha contou). Depois, verifique o "enquadramento legal", o artigo do Código Penal que a polícia usou. Por exemplo: "artigo 121" é homicídio, "artigo 157", roubo. E lembre-se de que, se tiver alguma dúvida, o público também terá.

MODELOS DE BO: O QUE ESPERAR

Um BO bem-feito consta de nome da vítima, descrição do fato, data, hora, local e, se tiver, o artigo legislativo do crime. Para se ter uma ideia, dê só uma olhada nesse exemplo básico que montei (inspirado em casos reais, mas sem dados verdadeiros, para não dar problema):

MODELO DE BOLETIM DE OCORRÊNCIA
- **Natureza da ocorrência** — Furto.

- **Data** - 8/4/2025.
- **Hora** – 14h30.
- **Local** - Rua André Rocha, 123, Taquara, Rio de Janeiro/RJ.
- **Vítima** - Maria Silva, 35 anos.
- **Narrativa dos fatos** - A vítima relata que deixou sua bicicleta encostada na calçada enquanto entrou em uma loja. Ao retornar, cerca de dez minutos depois, percebeu que o bem havia sido subtraído por indivíduo desconhecido. Não havia câmeras no local.
- **Enquadramento legal** - Artigo 155 do Código Penal (Furto simples).
- **Testemunhas** - Nenhuma identificada.
- **Número do inquérito**: 2025/000123.

O que tirar daí?

- **Natureza** - Furto, não roubo — não houve violência ou ameaça, então, cuidado para não errar o termo na matéria.
- **Data e hora** - É o "quando" da história. Se for muito antigo, confirme se ainda está no prazo de investigação.
- **Local** - Ajuda a contextualizar: é uma área movimentada? Há histórico de crime?
- **Narrativa** - Aqui se encontra o miolo da notícia. É o que a vítima contou, mas pode ter furo — por exemplo, será que foram mesmo dez minutos?

- **Enquadramento** - Artigo 155 é furto simples: pena leve. Se fosse o artigo 157 (roubo), mudava tudo.
- **Testemunhas** - Sem ninguém para confirmar, a polícia terá trabalho. Isso pode virar "investigação em andamento" na sua pauta.

Por enquanto, fica a dica: se o BO estiver vago ("indivíduo fugiu, sem mais detalhes"), vá atrás de testemunha ou da polícia, porque isso não vira matéria sozinho. No fim desse capítulo, vou deixar mais dois modelos de boletins de ocorrência para você ficar craque, OK? Antes, vamos falar sobre despacho judicial, de como lidar com fontes e também de uma das reportagens mais sinistras da minha vida, que começou com um BO manco e capenga.

A SUSPEITA QUE QUASE VIROU VÍTIMA: O DIA EM QUE EVITEI UM LINCHAMENTO

Era uma segunda-feira, em outubro de 2021. Cheguei à redação por volta das 9 horas. A nossa produção tinha recebido um vídeo chocante de uma mulher e o filho dela torturando um rapaz de vinte e poucos anos. Enquanto um gravava com o celular, o outro usava um facão para agredir a vítima. Só tínhamos o boletim de ocorrência e o vídeo. No BO, só havia o nome do rapaz agredido e que o espancamento seguido de tortura ocorreu no bairro Pilar, em Duque de Caxias, na Baixada Fluminense. Minha missão era transformar aquele vídeo forte (que não poderíamos usar completo, por questões éticas) e as duas informações em "matéria do dia". Nada fácil, né? A nossa chefia queria que eu fosse para a delegacia tentar uma entrevista com o delegado, e de lá mesmo, fazer as entradas ao vivo para o jornal. Torci o nariz. Liguei para o delegado, que não me atendeu. Então, não adiantava ir à delegacia. O caso não iria crescer na DP.

Fui direto para o bairro. Paramos num posto de combustível e comecei a conversar com os frentistas. Ali, já descobri a rua onde o caso aconteceu e que a vítima tinha alguma deficiência intelectual (o que torna o crime ainda mais grave). Fiz a primeira entrada, abrindo o jornal, ali mesmo no posto. Esquentei o assunto e fui para a rua.

Quando cheguei, alguns moradores, que já tinham visto o início do jornal, me aguardavam. Lembra que eu disse que sempre há um vizinho fofoqueiro? Nesse caso, eram muitos. Eles me indicaram a casa e contaram a vida da mulher que aparecia no vídeo – cá entre nós, não era nada benquista por ali. Toquei a campainha e tentei falar com ela. Tudo ao vivo. Uma pessoa saiu e disse que não havia ninguém. Mas um outro morador, que tinha uma casa mais alta, viu a mulher dentro da casa e veio correndo me contar. Repito: tudo ao vivo!

A essa altura, a população já estava revoltada com a agressora, e meu papel já era o de apaziguador. Meu medo era a mulher aparecer e ser linchada bem na frente da nossa câmera. E quase aconteceu. Nesse dia, houve um *bug* nas redes sociais. Ou seja: a audiência estava lá em cima. E, aí, o assunto ficou o tempo todo no ar.

Entre uma entrada ao vivo e outra, mandava áudios para o delegado, dizendo que a situação poderia sair do controle. Ele não me respondia. Se ela fosse linchada, iriam me culpar e poderia ser o fim da minha carreira. De repente, um morador aparece na esquina da rua e grita: "Ela está fugindo pelos fundos!'". Todas as pessoas que estavam ali, uns quarenta moradores, começaram a correr. O repórter cinematográfico e eu também. Foi aí que uma senhorinha, de uns sessenta e poucos anos, mancando, disse aos berros: "Vamos linchar!".

Tremi. Gelei. E meu coração começou a bater acelerado. Mas era eu que deveria acelerar. Tirei forças de nem sei onde e corri mais rápido que aquela multidão. O repórter cinematográfico me acompanhou. Tínhamos que chegar antes de todo mundo para, naquele momento, proteger aquela mulher. Passei correndo por aquela multidão e avistei a mulher tentando fugir.

Foi nesse momento em que o Direito me salvou mais uma vez. Dei voz de prisão para ela. Gritei mais de uma vez: "Não corra! Você está presa. E esse é o único jeito de você sair daqui com segurança". Ela ouviu e parou. A coloquei meio que encurralada entre o repórter cinematográfico e um carro para evitar que ela fosse agredida. Um rapaz ainda tentou dar um soco nela. Mas eu repeti com firmeza que ela estava presa e que a polícia estava chegando. E, graças a Deus, chegou! A assessoria de imprensa da Polícia Civil acompanhava o caso pela TV e pressionou o delegado para ir até o local. Depois que a viatura partiu, ajoelhei no meio da rua e agradeci. O caso saiu melhor do que eu imaginava ao pegar aquele BO sem nenhuma informação. Não deu errado por pouco.

No dia seguinte, continuei com a cobertura do caso. É o que chamamos, no jornalismo, de "suíte". Fui à delegacia entrevistar o delegado e também tive a oportunidade de falar com aquela mulher. Ela me contou a história da vida dela, do envolvimento com a prostituição e com as drogas. Ouvi atento e sem julgamentos. No final, me agradeceu por ter salvado a vida dela.

DESPACHO JUDICIAL

Quanto ao despacho judicial, o desafio é outro: o "juridiquês". Um juiz escreve "defiro o pedido de prisão preventiva" ou "indeferida a liberdade provisória", e você tem que traduzir isso para a linguagem humana.

"Deferir" é dizer sim; "indeferir" é dizer não. Simples assim. Foque no que o despacho decide: alguém foi preso? Solto? O processo vai para o júri? E, claro, veja se há sigilo de justiça (lembra o capítulo 3?). Se tiver, corre atrás das fontes para entender o que pode sair na sua reportagem. Com o tempo, você pega o jeito e vira quase um intérprete de tribunal.

LIDANDO COM FONTES SEM VIRAR REFÉM

Já conversamos sobre as fontes no capítulo 1, lembra? Pois é, elas são o seu maior trunfo, mas também, a maior dor de cabeça.

Todo mundo, de alguma forma, busca protagonismo. O PM, na cena do crime, pode dar o clima da ocorrência, e, às vezes, exagera, no intuito de parecer um herói. O delegado sabe o que acontece no inquérito, mas nem sempre abre o jogo. E o advogado? Venderá o cliente como santo, mesmo com dez testemunhas contra.

Por isso, a nossa obrigação não é contar a história perfeita, porém, a mais equilibrada possível. E para que isso aconteça, precisa ouvir todos. Ou quase todos!

Como fazer dar certo?

- **Polícia** - Seja educado, mas firme. Pergunte "qual a prova disso?", sem soar arrogante. E nunca publique só com uma versão — já vi fonte jurar que era flagrante e, no fim, o cara estava limpo. Se for na correria, como numa cobertura ao vivo, e não der tempo de falar com outras fontes, deixe claro que aquela é a versão da polícia.

- **Vítimas e testemunhas** - Escute com calma, mas desconfie de histórias perfeitas. Peça detalhes: "Em que horas aconteceu? Havia mais alguém?". Isso separa fato de emoção.

- **Judiciário** - Assessoria de imprensa do tribunal é sua amiga. Ela passa despachos e sentenças sem "juridiquês". Se for direto com juiz ou promotor, diz que "Está checando uma informação" — ninguém gosta de repórter que parece querer furo a qualquer custo.

Uma observação: nunca dependa de uma fonte apenas. Já levei toco de policial que sumiu minutos antes de o jornal começar, ou que desistiu de gravar sobre determinada história. A coisa mais chata que existe é falar para o seu diretor que aquela história, que você vendeu com o maior entusiasmo, caiu! Tenha um plano B — outro contato, um documento, qualquer coisa.

FERRAMENTAS DIGITAIS PARA SALVÁ-LO

Hoje em dia, o celular é quase um colega de redação. Algumas ferramentas que uso:

- **Buscador** (Google, Edge etc.) - Parece óbvio, mas buscar determinado artigo e entendimento judicial, ou "notícias caso tal" lhe dá o contexto na hora. Por mais que você estude, a sua mente tem limitações. Só não a deixe viciada.

- **Redes sociais** - X e Instagram, às vezes, entregam o que a polícia não conta — por exemplo, uma testemunha que postou o vídeo da cena. Só checa antes de usar, porque há muita informação falsa. As redes sociais também proporcionam criar uma série de fontes com pessoas reais e anônimas. Mas, assim como qualquer informação, verifique! Uma das minhas principais fontes, relacionadas à segurança pública do Rio, eu fiz pelo Instagram. E posso confessar algo para vocês? Até hoje, eu não sei quem é! Começamos a conversar em 2020, mais ou menos. Ela me passava informações interessantíssimas sobre os conflitos urbanos no Rio. Corria para checar com outras fontes e era sempre "batata". Não errava uma! Comecei a observar a forma como escrevia: sempre correta e bem pontuada. Não dava para ser do crime. Com certeza, é alguém que deseja acabar com a violência e que tem acesso a informações privilegiadas. Porém, não pode se expor. Pelo menos, me ajuda. E muito!

- **Sites de tribunais** – TJ-SP, TJ-RJ dentre outros têm consulta pública de processos. Coloque o nome do réu ou o número do processo que encontrará despachos, sentenças, tudo. É ouro para confirmar se a pessoa é ré ou condenada. Ou se tem antecedentes criminais.

- **Diário Oficial** - Quer saber se saiu mandado de prisão? Está lá, de graça.

UM ÚLTIMO CONSELHO

No dia a dia, você vai correr, errar, aprender. O segredo é nunca parar de checar. Um telefonema a mais pode salvar de uma retratação. E, se houver dúvida, pergunte para a fonte ou um colega de redação.

Cobrir polícia é intenso, mas é onde a notícia pulsa. No próximo capítulo, fechamos com uma conversa sobre por que vale a pena fazer isso tudo direitinho, beleza? Mas, antes, deixei mais alguns modelos de boletins de ocorrência para você dar uma olhada.

OUTROS MODELOS DE BOs

Modelo 1 - Roubo com arma

- **Natureza da ocorrência** – Roubo.
- **Data** - 12/4/2025.
- **Hora** - 20h15.
- **Local** - Avenida Central, 456, Jacarepaguá, Rio de Janeiro/RJ.
- **Vítima** - João Pereira, 28 anos.
- **Narrativa dos fatos** - A vítima relata que caminhava pela avenida quando foi abordada por dois indivíduos em uma motocicleta. Um deles, portando uma arma de fogo, anunciou o roubo e exigiu o celular e a carteira. Após a entrega dos bens, os suspeitos fugiram em direção à comunidade próxima. A vítima não sofreu lesões. Há câmeras de segurança no local.

- **Enquadramento legal** - Artigo 157, § 2º, do Código Penal (Roubo majorado pelo uso de arma).
- **Testemunhas** - Carlos Souza, 45 anos, comerciante local.
- **Número do inquérito** - 2025/000789.

O que tirar daí?

- **Natureza** - Roubo, não furto — houve violência (arma no rosto da vítima), então, é mais grave. O § 2º do artigo 157 indica que a pena sobe por causa da arma.
- **Data e hora** - Noite, horário comum para esse tipo de crime. Dá para contextualizar na matéria: "Jacarepaguá registra mais um assalto à noite".
- **Local** - Jacarepaguá é uma área com muitas comunidades dominadas por facções criminosas e que vem sofrendo com constantes disputas por território entre grupos criminosos rivais.
- **Narrativa** - A vítima deu detalhes (moto, arma, fuga para comunidade), mas falta identificação dos suspeitos. A câmera mencionada é ouro — corre atrás do vídeo com a polícia.
- **Testemunha** - O comerciante pode dar mais cor para a história. Por isso, tente falar com ele para saber se o crime é recorrente na área.
- **Enquadramento** - Roubo com arma prevê pena de reclusão, de quatro a dez anos, mais o aumento pelo emprego da arma. Isso já dá o tom da gravidade na

matéria.

- **Dica na prática -** Esse BO pede apuração na rua. Pergunte aos PMs se a comunidade citada tem histórico de roubos, e confirme se a câmera capturou algo — se houver imagem, a chance de virar notícia grande aumenta.

Modelo 2 - Lesão corporal em violência doméstica

- **Natureza da ocorrência -** Lesão corporal (violência doméstica).
- **Data -** 15/4/2025.
- **Hora -** 22h40.
- **Local -** Rua das Acácias, 78, São Gonçalo/RJ.
- **Vítima -** Ana Costa, 32 anos.
- **Narrativa dos fatos -** A vítima relata que, após uma discussão, foi agredida com socos e chutes pelo companheiro, Pedro Almeida, 35 anos, dentro de sua residência. Vizinhos acionaram a PM, que prendeu o suspeito em flagrante. A vítima foi encaminhada ao hospital com hematomas no rosto e braços. O caso será enquadrado na Lei Maria da Penha.
- **Enquadramento legal -** Artigo 129 do Código Penal c/c lei n. 11.340/2006 (Lesão corporal com agravante de violência doméstica).
- **Testemunhas -** Mariana Lopes, 29 anos, vizinha.
- **Número do inquérito -** 2025/000456.

O que tirar daí?

- **Natureza** - Lesão corporal com violência doméstica — a Lei Maria da Penha entra para aumentar a proteção à vítima e a gravidade do crime.

- **Data e hora** - Tarde da noite, comum em casos de violência doméstica. Pode ser um gancho para falar de subnotificação: "Muitos casos só vêm à tona quando vizinhos denunciam".

- **Local** - São Gonçalo. Verifique se esse crime é recorrente na região e se o local é próximo de alguma comunidade dominada por facções criminosas. Por incrível que pareça, isso tem influência.

- **Narrativa** - Detalhes fortes (socos, chutes, prisão em flagrante). Mas cuidado: não publique nome da vítima sem autorização, especialmente em caso de Maria da Penha. Use "Mulher de 32 anos" para protegê-la.

- **Testemunha** - A vizinha é chave. Ela pode contar o clima da discussão ou se já viu algo assim antes.

- **Enquadramento** - O artigo 129 é lesão corporal (pena leve), mas a Lei Maria da Penha endurece as medidas — o suspeito pode ficar preso preventivamente e longe da vítima.

Dica na prática - Esse caso é sensível. Foque na proteção da vítima e evite sensacionalismo. Tente falar com a delegacia de atendimento à mulher para saber se a vítima está segura e se há medida protetiva. E, se for noticiar, destaque o contexto:

violência doméstica é epidemia, e São Gonçalo tem números altos.

CAPÍTULO 5
A mídia no banco dos réus: como a notícia molda a justiça

Você já parou para pensar no peso que uma manchete tem? Cobrir polícia é correr atrás do fato, mas o que publicamos não fica só no jornal ou no *site*; ele voa, vira conversa de bar, *meme* no WhatsApp, e – acredite! - pode até influenciar a cabeça de quem está julgando um caso. Nesse capítulo, vamos falar de como a mídia influencia a opinião pública e, por tabela, o processo jurídico. É aquele momento em que o repórter, sem querer (ou querendo), vira parte da história.

Para ilustrar, vamos mergulhar em três casos que pararam o Brasil: a Operação Lava Jato, as rachadinhas do senador Flávio Bolsonaro e o julgamento do goleiro Bruno. De quebra, ainda trago um caso que cobri diretamente e que virou condenação por homicídio (e eu não concordei desde o início, arrumando briga com o delegado). Preparado?

O MEGAFONE DA OPINIÃO PÚBLICA

Quando uma notícia explode, ela não só informa; ela cria um climão! A opinião pública vira um caldeirão: há indignação, curiosidade, raiva, e todo mundo quer dar um pitaco. Só que esse barulho todo não fica na rua. Ele entra nos tribunais, principalmente em casos grandes, como os que envolvem corrupção ou crimes chocantes. Juízes são humanos, jurados, mais ainda, e a pressão de "fazer justiça", às vezes, vem muito mais do que saiu na TV do que está no processo.

No Brasil, vimos isso de perto em vários momentos. A mídia não decide sozinha quem é culpado ou inocente, mas pode pintar um quadro tão forte que fica difícil ignorar. E não é apenas sobre sensacionalismo: até a cobertura séria, com dados e fontes, molda o que o público espera da justiça. Vamos ver como isso aconteceu em alguns casos que, como jornalista ou não, você, provavelmente, acompanhou de camarote.

OPERAÇÃO LAVA JATO: O *REALITY SHOW* DA CORRUPÇÃO

A Lava Jato começou em 2014 e não foi só uma investigação — foi um fenômeno! De repente, o Brasil inteiro falava de doleiros, propinas e delações premiadas como se fosse papo de novela. A mídia teve um papel gigantesco nisso. Jornais, TVs e portais cobriam cada fase da operação como se fosse um capítulo novo, com direito a apelidos como "Juízo Final" ou "Abismo". E não era só noticiar: havia vazamento de áudio, delação quentinha, e o juiz Sérgio Moro virando quase um super-herói para boa parte do público.

Mas aí vem o pulo do gato: essa cobertura frenética influenciava o jogo jurídico. Quando um político era preso, a manchete já saía antes da denúncia formal, e a personalidade virava "culpada" na cabeça de muitos. Isso criava uma pressão danada no judiciário. Como soltar alguém que o país inteiro já "condenou" nas redes sociais? Criminalistas conceituados, de diferentes cantos do país, chegaram a dizer que as prisões decretadas na Lava Jato eram difíceis de revogar porque o Supremo "não tinha coragem" de peitar a opinião pública, inflamada pela mídia. É a chamada "publicidade opressiva" — quando a cobertura é tão pesada que o processo parece mais um *show* do que um julgamento.

Um exemplo claro? Em 2016, Moro liberou gravações do ex-presidente Lula, incluindo conversas pessoais, e a mídia jogou isso no ar sem parar. O conteúdo era sigiloso, mas virou febre. Resultado: o clima para Lula ser julgado já estava montado antes de o processo começar de verdade. A mídia não mandava no juiz, mas ajudava a criar um ambiente onde certas decisões pareciam inevitáveis. E não aconteceu só com Lula. Aconteceu, também, com a Odebrecht, Eduardo Cunha e quase todos os figurões da operação.

FLÁVIO BOLSONARO E AS RACHADINHAS: A DIREITA NO OLHO DO FURACÃO

Se a Lava Jato pegou políticos de todos os lados, mas especialmente os da esquerda, as rachadinhas envolvendo o senador Flávio Bolsonaro, filho do ex-presidente Jair Bolsonaro, mostram como a mídia também coloca pressão em figuras da direita. Desde 2018, quando o Ministério Público do Rio de Janeiro começou a investigar movimentações financeiras suspeitas na conta de Fabrício Queiroz, ex-assessor de Flávio, o caso virou um novelão. A denúncia? Que Flávio, então deputado estadual, teria ficado com parte dos salários de funcionários do gabinete dele — a famosa "rachadinha". O que era uma investigação local explodiu logo na mídia, com manchetes diárias sobre cheques, depósitos e até a ligação de Queiroz com milicianos.

A cobertura foi intensa. Jornais e portais publicavam cada novidade: "Queiroz pagou boleto da escola das filhas de Flávio", "Michelle Bolsonaro recebeu R$ 89 mil de Queiroz", "MP pede quebra de sigilo". Houve uma emissora, por exemplo, que chegou a ser proibida, por uma juíza do Rio, em 2020, de divulgar documentos do caso, que corria em sigilo de justiça (lembra a importância de checar isso antes?). O senador comemorou a decisão nas redes, chamando a imprensa de "criminosa" por "narrativas para desgastar" o Flávio e o pai. Mas o estrago já estava feito: na cabeça de muitos, Flávio era culpado antes de qualquer julgamento. A pressão midiática foi tanta que o Ministério Público e o judiciário pareciam correr contra o relógio para dar uma resposta à opinião pública.

E aqui entra o pulo do gato: o caso, até a conclusão deste livro, em abril de 2025, não teve uma sentença final. Flávio é réu desde 2020, acusado de peculato, lavagem de dinheiro e organização criminosa, mas o processo está emperrado por recursos e decisões do Supremo Tribunal Federal. Mesmo assim, a mídia criou um clima em que a "condenação social" já foi concretizada.

Por outro lado, apoiadores de Flávio e Jair Bolsonaro dizem que a cobertura é perseguição política, uma tentativa de "derrubar a direita" com vazamentos seletivos. O advogado Frederick Wassef, que defende Flávio, já chamou a imprensa de "máquina de destruir reputações". Verdade ou não, o fato é que a narrativa midiática moldou o debate público, deixando o processo jurídico num fogo cruzado entre "justiceiros" e "vítimas".

POLARIZAÇÃO: O TEMPERO QUE APIMENTA TUDO

Esses dois casos — Lava Jato e rachadinhas — mostram que a mídia é um jogador importante no tabuleiro jurídico, e não importa o lado do espectro. Num Brasil polarizado, onde qualquer notícia vira munição para briga de esquerda contra direita, o jornalista precisa pisar em ovos. Uma manchete mal escrita ou um termo fora de lugar pode colocar lenha na fogueira, e de repente, sua análise técnica vira um ringue ideológico. A Lava Jato criou heróis e vilões para os dois lados, e as rachadinhas de Flávio Bolsonaro alimentaram a narrativa de "perseguição" ou "impunidade", dependendo de quem lê.

GOLEIRO BRUNO: O TRIBUNAL DA TV

Se a Lava Jato era sobre corrupção, e o caso das rachadinhas, sobre outros crimes ligados à figura de políticos, o caso do goleiro Bruno, em 2010, foi sobre um crime que chocou pelo drama humano.

Bruno Fernandes, ex-ídolo do Flamengo, foi acusado de mandar matar Eliza Samudio, mãe do filho dele. O caso tinha tudo o que a mídia ama: um famoso, uma vítima jovem, traição, violência. A cobertura foi um rolo compressor. Todo dia, uma novidade: "Bruno preso", "Corpo não achado", "Amigo confessa". Alguns programas de TV dissecaram cada detalhe, às vezes, com atores recriando a história.

Aí vem a questão: como julgar um caso assim com o Brasil inteiro assistindo? O Tribunal do Júri, que decide crimes contra a vida, é feito de pessoas comuns. Ou seja: pessoas que leem jornal, assistem à TV e ouvem rádio (na época, as pessoas ainda não se informavam pelas redes sociais e aplicativos de mensagens).

Antes do julgamento, em 2013, Bruno já era o "monstro" para muitos. Ao analisar o caso, criminalistas chegaram a dizer que esse "televisionamento" pode ser perigoso. O jurado entra na sala com a cabeça cheia de imagens da mídia, e isso pesa. No caso do Bruno, a condenação a 22 anos veio, mas o debate persistiu: o júri decidiu com base apenas nas evidências ou no barulho externo?

Outro ponto: a mídia não parou no julgamento. Quando Bruno tentou voltar ao futebol, em 2017, depois da progressão para o regime semiaberto, a gritaria foi geral. Clubes que pensaram em contratá-lo recuaram por causa da pressão pública. Isso é a "condenação social" que já falamos aqui no livro — às vezes, mais pesada que a cadeia. A mídia, querendo ou não, ajudou a manter o Bruno como "o cara que não merece segunda chance".

Agora, vou contar um caso que cobri de perto e que me fez questionar o peso da mídia e da polícia na justiça.

CASO MATÍAS SEBASTIÁN CARENA: HOMICÍDIO DOLOSO OU LESÃO CORPORAL SEGUIDA DE MORTE?

Dia 26 de março de 2017. Era um domingo, e eu estava de plantão. Cheguei à redação no início da tarde. Minha missão era descobrir detalhes sobre a morte de um turista. Só sabíamos que se tratava de um argentino e que o primeiro nome da vítima era Matías. Ele tinha morrido após se envolver numa confusão, num bar em Ipanema, na Zona Sul do Rio. O corpo já estava no

IML, e ninguém tinha sido preso. Corri para o local.

No bar, conversei com um funcionário que disse ter visto a confusão. Falou que o argentino e outros amigos estavam bebendo e que, não me recordo o motivo, acabaram arrumando confusão com um grupo de brasileiros; alguns deles faziam parte de um grupo de pagode famoso. A briga, que começou dentro do bar, segundo o funcionário, acabou do lado de fora.

Matías enfrentou o grupo sozinho. Ele teria levado um soco no rosto e, na queda, batido a cabeça no degrau da loja de frente ao bar. Gravei a passagem (momento em que o repórter de TV aparece na reportagem) com essas informações no condicional e fui com a equipe para o Instituto Médico Legal. Lá, consegui as informações que restavam: nome completo da vítima e idade. Descobri também o hotel onde ele estava e quando voltaria para Argentina. Os amigos já tinham informado os pais dele sobre a morte do rapaz. A reportagem foi ao ar nos jornais da manhã seguinte.

Na segunda-feira, continuei no caso. Cheguei cedo à Delegacia de Homicídios da Capital, que fica na Barra da Tijuca. O jornal ia começar só 11h50, então, tinha algumas horas para apurar alguma outra novidade. De repente, o delegado titular da DH apareceu. Ele me revelou que os envolvidos na morte seriam indiciados por homicídio doloso (quando há intenção, lembra?). Questionei. Afinal, numa briga, nem sempre a intenção é de matar, pode ser apenas de agredir. Parece bobeira, mas isso muda o jogo.

Enquanto conversávamos, o diretor do Departamento de Homicídios apareceu (era o chefe daquele primeiro delegado). Ao saber do meu questionamento sobre o dolo, ele me falou de forma dura: "Você acha que não teve intenção? As agressões continuam depois que o turista cai, e os golpes são todos na cabeça. Se isso não é intenção, eu não sei mais o que é". Com a revelação destes detalhes, me calei. Mas guardei uma surpresa para a hora da nossa entrevista ao vivo.

O jornal começou. Abrimos com esse caso. Logo, o apresentador me chamou, e eu entrei ao vivo com o delegado. Fiz a primeira pergunta de como estavam as investigações e o deixei falar. Não o interrompi. Esperei o momento certo e o questionei sobre o indiciamento por homicídio doloso. Ele repetiu a mesma frase dita anteriormente pelo diretor. Ao encerrar, emendei: "Vocês assistiram às imagens das câmeras de segurança?". Ele gaguejou, gaguejou e respondeu que sim. Desconfiei. A entrevista acabou, e eu voltei para o bar.

De volta ao local dos fatos, descobri que a polícia não teve acesso às imagens. As testemunhas mal foram ouvidas. As investigações estavam engatinhando, e os delegados já falavam em homicídio doloso. Era um caso que daria uma baita repercussão. Os delegados sabiam disso, e fizeram com que boa parte da imprensa comprasse a ideia. Eu não comprei, e ainda convenci o gerente a me liberar as imagens. Ao assisti-las, bingo! A cena que vi foi a mesma narrada pelo funcionário no dia anterior. Não havia nada daquilo que os delegados falaram sobre as agressões terem continuado após a queda do turista. Apenas um chute, ou soco, na perna do argentino. Longe da cabeça. Não era homicídio, era lesão corporal seguida de morte. E faz diferença? Claro!

A lesão corporal seguida de morte é um crime preterdoloso, ou seja, quando o resultado final é diferente da intenção inicial.

Nesse caso, significa que o grupo de brasileiros tinha a intenção de agredir, mas a vítima morreu depois de bater a cabeça no degrau. E detalhe, a causa da morte estava no laudo pericial do IML. Lembro-me de ter conversado muitas vezes sobre esse caso com o Patrick Berriel, um dos melhores advogados criminalistas do Brasil, e que escreveu o prefácio deste livro.

Apesar dos meus questionamentos, a imprensa comprou a versão da Delegacia de Homicídios. Algumas emissoras foram à Argentina entrevistar os familiares do Matías, e a comoção tomou conta. O caso mexeu com os sentimentos do público. Aí, não teve jeito: os envolvidos foram denunciados pelo MP por homicídio (doloso) qualificado.

Dos quatro envolvidos, três foram presos temporariamente dias após a repercussão do caso. A prisão chegou a ser convertida para preventiva, mas, após alguns meses, a reclusão foi substituída por medidas cautelares, e todos foram soltos para responder ao processo em liberdade. O quarto envolvido viajou no dia seguinte ao crime para a Europa. Ele chegou a ser preso na França, depois que o nome dele entrou para a lista de foragidos da Interpol. A prisão durou três anos. Apesar dos acordos existentes entre Brasil e França, a extradição não aconteceu, e ele permanece na Europa. O processo está parado e, até a publicação deste livro, nenhum dos acusados tinha sido pronunciado.

MAIS RAZÃO, MENOS EMOÇÃO

Defender o equilíbrio das coberturas policiais não significa inocentar os envolvidos. Em nenhum dos casos (Lava Jato, rachadinhas, goleiro Bruno e do turista argentino), foi questionada a inocência dos investigados. O fato aqui é o processo, que acabou contaminado pela forma como a imprensa influenciou a opinião pública. Nesses, e em outros vários casos, a justiça colocou a carroça na frente dos bois ou julgou os crimes que não deveria.

Então, qual é o jeito? Não dá para fugir da cobertura, mas dá para ser mais responsável. Verifique duas vezes antes de publicar um vazamento. Use "suspeito" (não como sinônimo de bandido) em vez de "criminoso". E, principalmente, lembre-se de que a notícia não é só uma história, ela mexe com gente de verdade.

Como jornalista, você tem um poder danado nas mãos, e usá-lo com cuidado é o que separa o sensacionalismo do jornalismo que presta. Bora fazer a diferença?

CAPÍTULO 6
Conclusão: por que vale a pena fazer tudo isso direitinho?

Chegamos ao fim dessa nossa jornada! Se você está aqui comigo, já passou por ética, fontes, Direito Penal, Processo Penal, casos práticos e até aprendeu a decifrar um BO sem piscar. Cobrir polícia não é para qualquer um — exige olho vivo, pé no chão e, às vezes, um estômago forte. Mas, olhe, vou contar um segredo: é uma das áreas mais incríveis do jornalismo. E fazer isso com técnica e um pé no Direito? Aí você vira referência.

Em 2014, a Operação Lava Jato estava a todo vapor pelo Brasil, especialmente nas principais capitais. Não lembro exatamente qual foi a prisão, mas, durante um bate-papo com um delegado federal, após a entrevista, ele me revelou que, dali para frente, teríamos muitas fases da operação no Rio de Janeiro. E mais: que, se eu entrasse na faculdade de Direito, teria mais condições de entender o que estava acontecendo e, automaticamente, aquele conhecimento adquirido refletiria nas minhas reportagens.

Ouvi aquele conselho com carinho e, em fevereiro do ano seguinte, iniciei o curso de Direito. Foi o melhor investimento que eu fiz na minha carreira de jornalista. Realmente, passei a ter uma visão diferente de todo jornalismo policial. E todo mundo nota a diferença. Ganhei respeito e moral. Podem até não gostar da forma como eu conto a notícia, mas algo ninguém tira de mim: a propriedade que eu tenho para falar sobre o assunto. É o meu diferencial.

JORNALISMO POLICIAL COM RESPONSABILIDADE

Começamos falando de caos — e é verdade, a rua é bagunçada mesmo. Mas seu papel é organizar isso para quem lê. Não é só jogar a notícia no ar; é dar contexto, checar fatos e respeitar quem está do outro lado da história. E quando se tem conhecimento jurídico, você separa o sensacionalismo e ganha credibilidade.

Eu, com vinte anos de jornalismo e mais de uma década cobrindo polícia, já vi de tudo: furo que virou fiasco, reportagem que ajudou a esclarecer um crime, bronca de delegado por vacilo bobo. E sabe o que aprendi? Que acertar o tom, usar o termo certo e apurar com calma fazem a diferença. Não só para o seu nome, mas também para quem depende da notícia — a vítima, o público e até o réu.

Em outubro de 2018, estava no terceiro ano da faculdade de Direito. Já tinha que começar a fazer estágios e assistir a um monte de audiências. Em outubro daquele ano, aproveitei que eu estava de férias do trabalho e me dirigi ao Fórum da Taquara, na Zona Oeste do Rio, onde fui com tudo nas audiências - assistia até vinte por dia. Numa delas, na vara criminal, vi entrar na sala pessoas ligadas a uma reportagem que eu tinha feito meses antes. Fiquei quietinho num canto, só observando para ver o que ia acontecer. No fim, o promotor que estava no caso (que, por sinal, é minha fonte), olhou para mim e disse: "Parabéns, Rael! A sua reportagem está soltando o réu". E riu!

Como eu disse, meses antes, fui cobrir um caso de um homem que a família jurava ter sido preso de forma injusta. E olha a importância de uma reportagem bem apurada. O homem preso era um técnico de refrigeração veicular. A oficina onde ele trabalhava prestava serviço para uma empresa que tinha uma frota de carros. Um desses carros foi consertado, justamente, por esse profissional. Um homem de uns trinta e poucos anos, casado, pai de família e sem nenhum antecedente criminal. Dia depois de o carro ficar pronto, a dona da empresa acabou sendo vítima de um assalto, no Recreio dos Bandeirantes, na Zona Oeste do Rio. O bandido a fez refém e dirigiu o carro com ela até a Taquara, mais ou menos uns 17 quilômetros. Ao observar uma *blitz* da PM, o criminoso mandou a vítima descer do veículo. Ele conseguiu entrar numa rua para fugir da *blitz*, mas não foi muito longe. Largou o carro a poucos quilômetros dali. A vítima, claro, foi até os policiais militares e contou o que tinha acontecido. Parte da equipe a levou para a delegacia. A outra foi atrás do bandido.

Na delegacia, a vítima deu poucas informações sobre o bandido. Disse apenas que era um homem negro, com um pouco mais de 1,70 m de altura e forte. Logo depois, os PMs chegaram à DP com o carro roubado, que foi abandonado pelo assaltante. A Polícia Civil, então, realizou uma perícia no carro. E adivinhe qual impressão digital foi encontrada no veículo? A do técnico de refrigeração veicular que tinha consertado o carro dias antes. Com a impressão digital, os investigadores chegaram até a identificação daquele homem e mostraram a foto dele para a vítima. Assustada, ela o reconheceu como o autor do roubo: um homem negro, com pouco mais de 1,70 m de altura e forte. No dia seguinte, a polícia foi até a casa dele e o prendeu.

Quando cheguei para conversar com a família do preso, eu tinha em mãos o mandado de prisão e o boletim de ocorrência do roubo. No BO, constava que o roubo havia acontecido por volta das 18 horas, no Recreio. Mas, o homem bateu o ponto, no dia do crime, às 17 horas. Só que a oficina ficava em Nova Iguaçu, na Baixada Fluminense, a mais de 40 quilômetros de distância. Nem se ele tivesse saído do trabalho e ido direto para a cena do crime, ele conseguiria chegar em uma hora.

Mas não para por aí. A câmera do vizinho mostrava o técnico de refrigeração chegando em casa por volta das 17h30. Nem se ele tivesse utilizado um helicóptero, teria chegado a tempo ao local do assalto. Fora essa questão do espelho de ponto e das câmeras, o chefe dele era testemunha de que o homem estava em Nova Iguaçu no dia do crime, além do vendedor da birosca que ele passou antes de ir para casa, dos vizinhos e dos familiares. Nada disso foi apurado pela polícia. E o técnico foi preso por causa da impressão digital e do reconhecimento da vítima por uma foto.

É claro que todos esses detalhes foram colocados na reportagem, que foi ao ar no jornal do meio-dia. No final daquele dia, a advogada conseguiu um *habeas corpus*, e o homem conseguiu responder ao processo em liberdade.

Meses depois, quis o destino que estaríamos todos nós, juntos de novo, numa audiência de instrução e julgamento. Dessa vez, acompanhados do advogado do réu, do promotor, do juiz, do escrivão, do advogado da vítima e da própria vítima (sem contar aquele bando de estagiários). Logo que a sessão começou, a vítima pediu para falar. Sem titubear, pediu desculpas a todos, inclusive para o promotor e o juiz. Disse que se sentia arrependida, pois tinha cometido um erro terrível. Erro este que ela só se deu conta que cometeu depois de assistir à minha reportagem. Aquele homem que tinha sido preso era inocente. Foi aí que o promotor olhou para mim e disse: "Parabéns, Rael! A sua reportagem está soltando o réu".

Do lado de fora da sala, recebi os abraços calorosos daquele homem e de todos os familiares dele, assim como da advogada. Fui embora com uma sensação de dever cumprido e com a certeza de que checar os fatos com respeito faz toda a diferença.

Se você chegou até aqui, está pronto para entrar de cabeça no jornalismo policial, viver o ambiente de delegacias, acompanhar as operações e correr atrás de furos com responsabilidade. Agora, vá para a rua, apure com cuidado e faça a diferença. A gente se encontra no *front*.

Fim

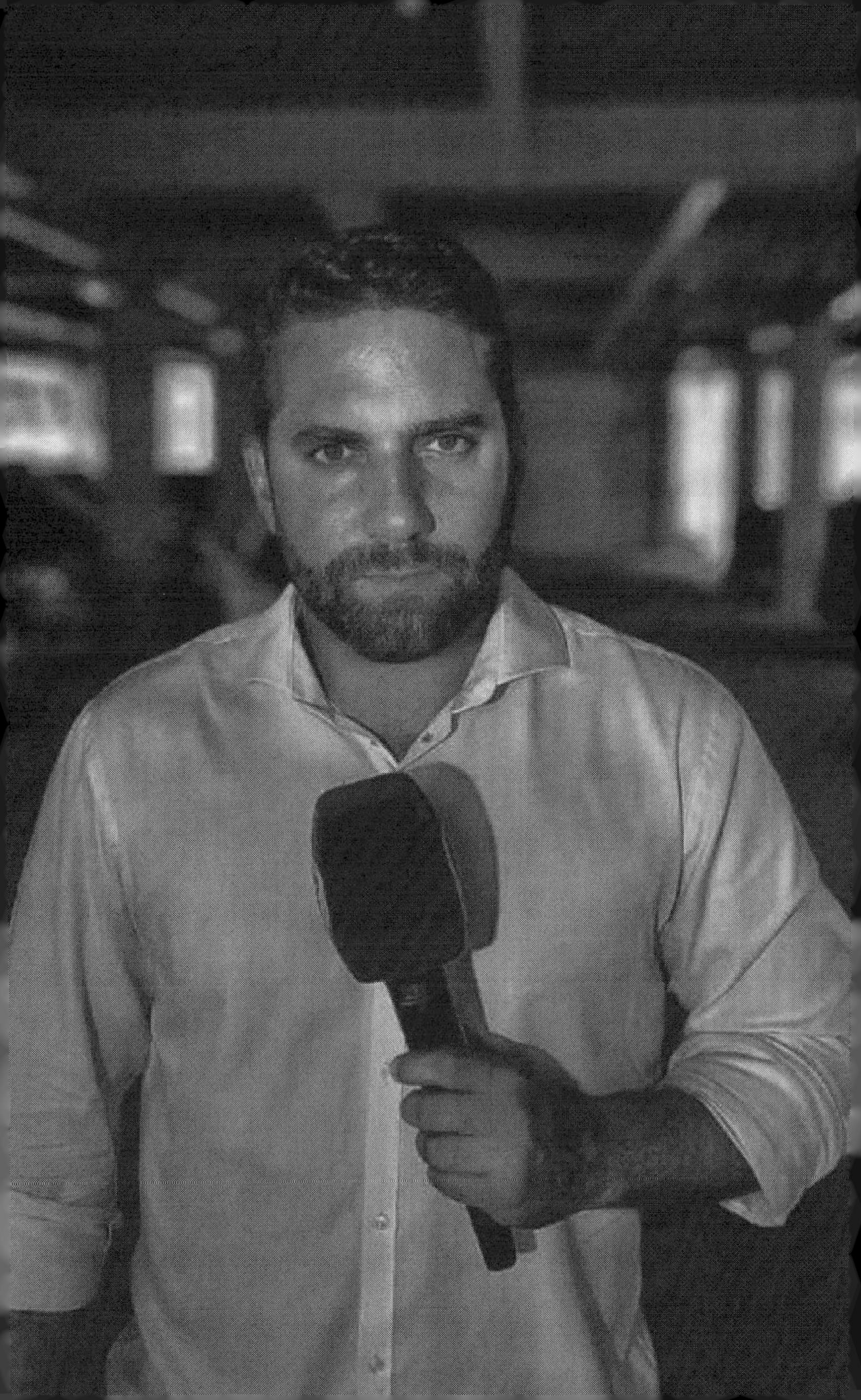

GLOSSÁRIO JURÍDICO
Termos que você precisa dominar

Se há uma coisa que pega mal no jornalismo policial é usar o termo errado na hora errada. Chamar um "indiciado" de "condenado" antes da sentença é o tipo de erro que derruba a confiança e pode até virar um problemão jurídico. Está perdido no "juridiquês"? Então preste atenção neste glossário que eu preparei com os termos que mais encontrará na cobertura policial, de forma simples e direta:

Absolvição. O oposto de condenado. O juiz (ou o júri, em crimes contra a vida) decidiu que não há culpa. Exemplo: "O acusado foi absolvido por falta de provas". É o fim da linha para aquele processo, a menos que haja recurso.

Ação penal. O processo judicial para punir um crime. Pode ser pública (o MP acusa) ou privada (a vítima toma a frente, como em calúnia).

Acusado. Termo genérico para quem estiver sendo apontado como autor do crime. Pode ser indiciado, réu ou até suspeito, dependendo da fase. Na dúvida, especifique.

Associação criminosa. Quando três ou mais pessoas se unem com objetivo específico de cometer algum crime. A pena é reclusão, de cinco a dez anos, e multa.

Condenado. Aqui sim, a sentença saiu, e o juiz bateu o martelo: culpado. Só use esse termo depois que o julgamento acabar, e a condenação for confirmada. Exemplo: "O condenado pegou dez anos por homicídio".

Crime consumado. Quando o crime aconteceu de verdade. Exemplo: o ladrão levou a carteira e fugiu.

Crime tentado. Quando a pessoa tentou, mas não houve nada. Exemplo: tentou roubar, mas a polícia pegou antes. A pena é menor, mas ainda é crime.

Culpa. Quando o crime acontece por descuido, sem intenção. Exemplo: motorista distraído que atropela alguém.

Denúncia. O momento em que o Ministério Público diz "esse cara fez mesmo" e leva o caso para o juiz. É quando o suspeito vira réu.

Detenção. Pena para crimes mais leves, como briga ou furto simples. Geralmente começa em regime semiaberto ou aberto, sem grade o tempo todo.

Dolo. Intenção de fazer o crime. Exemplo: a pessoa planejou e matou. É mais grave que culpa.

Flagrante. Prisão na hora do crime, sem ordem judicial. "Pegaram com a mão na massa". Ou logo depois que cometer o crime. "Após perseguição, suspeito é preso em flagrante".

Furto. Quando o bandido pega algo de alguém sem o uso da violência. O malandro que "age no sapatinho". Artigo 155 do Código Penal: "subtrair para si ou para outrem coisa alheia móvel".

Habeas corpus. Pedido para soltar alguém que se encontra preso "ilegalmente", ou quando a liberdade de alguém está sendo ameaçada por abuso de poder ou alguma ilegalidade. Você vê isso quando a defesa acha que a prisão foi abusiva ou quando, diante de um mandado de prisão, a defesa entende que o suspeito não cumpre os requisitos para ter restrição de liberdade.

Homicídio culposo. Matar sem intenção, por imprudência ou negligência. Não há júri, e a pena é mais leve.

Homicídio doloso. Matar com intenção. Vai ao Tribunal do Júri e é condenado à pena pesada.

Indiciado. É o suspeito durante o inquérito policial. A polícia está investigando, mas ainda não tem denúncia formal. Exemplo: "Fulano foi indiciado por roubo após o flagrante". Cuidado para não tratar como culpado — é só uma suspeita formalizada.

Inquérito policial. A investigação da polícia a fim de juntar provas e descobrir o que aconteceu. Começa com o BO e vai até o relatório ao MP.

Latrocínio. É o roubo, ou tentativa, que resulta na morte da vítima. É uma qualificadora do crime de roubo (artigo 157 § 3º, inciso II, do Código Penal). Crime pesado, com a maior pena do Código Penal: reclusão de vinte a trinta anos.

Mandado de busca e apreensão. Ordem do juiz para a polícia entrar num lugar (casa, carro, empresa etc.) e pegar provas, como drogas, armas ou documentos. Você vê isso em operações grandes — "Polícia cumpre mandado de busca" é manchete certa.

Mandado de prisão. Ordem do juiz para prender alguém. Pode ser preventiva, temporária ou depois da condenação.

Ministério Público (MP). Os "advogados da sociedade". Eles acusam o réu e cuidam da denúncia.

Organização criminosa. É diferente de "associação criminosa". Aqui, a lei entende que é necessária a união de mais de quatro pessoas para o cometimento de um crime, e que exista uma ordenada e caracterizada pela divisão de tarefas. Pena: reclusão de três a oito anos, e multa.

Perícia. O trabalho dos *experts* (tipo CSI) para analisar provas — sangue, digitais, armas. O laudo deles pesa no processo.

Prescrição. Quando o prazo para punir o crime vence. Se demorar demais, ninguém vai preso.

Prisão preventiva. O juiz manda prender antes do julgamento, a fim de evitar fuga ou mais crimes. Precisa de provas fortes.

Prisão temporária. Prisão curta, só para investigação. Em crimes graves, dura cinco ou dez dias; em homicídio doloso, pode ser trinta dias, prorrogáveis por mais trinta.

Reclusão. Pena para crimes pesados, como homicídio ou roubo com arma. Pode começar em regime fechado, atrás das grades mesmo.

Réu. Quando o Ministério Público oferece a denúncia, e o juiz aceita; portanto, o indiciado vira réu. Agora ele irá responder a um processo. Exemplo: "O réu vai a julgamento na próxima semana". Ainda não é culpado, OK?

Roubo. Quando o bandido usa violência ou grave ameaça para cometer o assalto (artigo 157, Código Penal). Crime grave. Pena: reclusão de quatro a dez anos, mais multa.

Sentença. A decisão final do juiz: condena ou absolve. É o *gran finale* do processo.

Sigilo de justiça. Quando o caso é fechado para o público.

É quando há menor de idade ou violência sexual, por exemplo. Publicar detalhes é proibido.

Testemunha. Quem viu ou sabe algo do crime. Pode ser ouro na apuração, mas, às vezes, exagera. Portanto, desconfie.

Tráfico de drogas. Crime pesado, previsto na lei n. 11.343/2006. Não é só vender drogas — guardar ou transportar já conta.

Trânsito em julgado. É quando uma sentença ou acórdão se torna definitiva e sem possibilidades de recursos. Depois do trânsito em julgado, o processo chega ao fim e inicia (ou continua) a execução da sentença. Ou seja: a decisão deve ser cumprida, e o réu não pode mais recorrer.

Tribunal do Júri. Julgamento com cidadãos comuns decidindo a culpa em crimes dolosos contra a vida, como homicídio intencional. O juiz só aplica a pena depois.

Todos esses termos, é importante tê-los na manga. Parece detalhe, mas usar a palavra certa no momento certo mostra que você entende o processo — e evita que o leitor, ouvinte ou telespectador (ou o advogado da outra parte) o corrija.